Angelika Hofmann

Die letzte Fahrt

Das urnenfelderzeitliche Wagengrab von Essenbach

The Final Journey

The Urnfield-Period Wagon Grave from Essenbach

Verlag des
Germanischen
Nationalmuseums,
Nürnberg 2024

Inhalt | Content

Nichts sollte überdauern, weder der eigene Körper noch der im irdischen Leben benutzte Prunkwagen, der weltliche, ja vielleicht auch geistliche Macht zum Ausdruck brachte. Alles wurde dem Feuer übergeben, selbst das Schwert, dem auf dem Weg ins Jenseits vor der Einäscherung die Spitze abgebrochen worden war, um es unbrauchbar zu machen. Mit der Einäscherung fanden weltliche Macht und Herrschaft ihr Ende. Dem Feuer übergeben wurde auch das Pferdegeschirr sowie die unscheinbar wirkenden Bronzegewichte, die die Verfügungsgewalt des Wagenfahrers über die damals wichtigsten wirtschaftlichen Ressourcen der Metallwirtschaft, aber auch über Luxusgüter wie Gold anzeigten.

Offenbar sollte nichts den Weg in das Jenseits aufhalten oder belasten. Dass Objekte wie ein Rasiermesser sowie ein goldener Ring, in anderen Begräbnissen außerdem auch mehrere Keramikgefäße, nach der Einäscherung dem Begräbnis beigegeben wurden, lässt sich nur schwer mit solchen Vorstellungen in Übereinstimmung bringen. Es wird damit deutlich, dass sich aufgrund der höchst lückenhaften Überlieferung nicht alle Funde und ihre Zusammenhänge schlüssig erklären lassen. Ob und wie die Erinnerung an die hochgestellte Persönlichkeit des Wagenfahrers und vielleicht auch an die mit ihm eingeäscherten engsten Familienmitglieder über den Tod hinaus bewahrt wurde, bleibt aufgrund fehlender Schriftzeugnisse oder Grabmonumente eine weitere offene Frage in der Beurteilung der ebenso faszinierenden wie rätselhaften urnenfelderzeitlichen Kultur. Lassen die Brandbestattungen erahnen, dass mit dem Tod alle Verbindungen zum irdischen Leben gekappt werden sollten, wissen wir über die dahinterstehenden religiösen Vorstellungen so gut wie nichts. Einzig Objekte mit religiösem Bezug, wie die Goldhüte, von denen das Germanische Nationalmuseum eines der wenigen erhaltenen Beispiele bewahrt, lassen an Riten eines Sonnenkults denken, in dem neben der Sonne die Symbole von Schiffen und Vögeln eine zentrale

It was vital that everything be destroyed. The body was consigned to the flames, along with the ceremonial wagon which had been used in life to symbolize worldly, and perhaps also spiritual power. Even the sword was cremated, but not before it had been rendered useless, prior to its journey to the afterlife, by having its tip broken off. Worldly power and rulership came to an end on the funeral pyre. Even the horses' harnesses were cremated, together with the inconspicuous-looking bronze weights that in fact signified the wagon driver's control over what were then the most important raw materials of the metal economy and his access to luxury goods like gold.

Nothing, it would seem, could be allowed to delay or burden the journey to the afterlife. Yet this notion is difficult to reconcile with the fact that, after the cremation, other objects were placed in the grave, like the razor and the gold ring found at Essenbach and the assemblages of pottery vessels found in other burials. Clearly, we cannot fully explain all the finds and their contexts based on the very fragmentary archaeological record. Was the memory of the high-status wagon driver (and perhaps any close family members cremated with him) still honored after death, and, if so, how? Without written records or surviving funerary monuments, this must remain another of the many unanswered questions about the fascinating but enigmatic Urnfield Culture. We sense from the cremation burials that death meant the severing of all ties with earthly life, but we know almost nothing about the culture's underlying religious beliefs. Our only clues come from objects with religious associations, such as the golden hats, one of the few surviving examples of which is also in the collection of the Germanisches Nationalmuseum. These evoke rites connected with a cult of the sun, in which symbols of suns, boats, and birds played a central role and were combined in the composite symbol of the "bird-sun-barque". Similar symbols are found in the cultures of the ancient Near East and Egypt, suggesting

Rolle spielen und im Symbol der Vogelsonnenbarke verschmolzen. Diese Symbole schlagen eine Brücke zu den vorderorientalischen und altägyptischen Kulturen und legen direkte Verbindungen nahe, trotz der so offensichtlichen Differenzen in der Begräbniskultur: Der Körper des etwa zur gleichen Zeit lebenden Pharao Ramses II. wurde mumifiziert und in einem bereits zu Lebzeiten errichteten Grabmal im Tal der Könige beigesetzt, während von unserem Wagenfahrer und seinem Gefährt nur die Asche und die mit dem Grab verbrannten bzw. nachträglich beigelegten Metallteile überdauerten.

Neben den erwähnten Symbolen verweisen auch der Austausch von Rohstoffen und technischen Errungenschaften auf ein bereits damals über das heutige Europa hinaus gespanntes Netzwerk von Ressourcen und wechselseitiger Beeinflussung. So führen technische Details des Speichenrads in das Karpatenbecken und von dort zurück in die mykenische Kultur Griechenlands. Und der Fundort des Wagengrabs liegt nicht zufällig an einer Fernhandelsroute der Bronzezeit, als Kupfer und Zinn neben Bernstein die Grundlage für weiträumige Handelsbeziehungen bildeten.

Das Wagengrab von Essenbach im Landkreis Landshut ist ein ebenso überraschender wie seltener Fundkomplex, der auch aufgrund seiner Ausgrabung und Untersuchung von überregionaler Bedeutung ist. Der Fund wird mit dieser Ausstellung erstmals der Öffentlichkeit präsentiert. Das Germanische Nationalmuseum ist der Marktgemeinde Essenbach und ihrem Bürgermeister Dieter Neubauer äußerst dankbar, dass wir das Wagengrab im Jahr 2019 übernehmen durften. Wir werden es fortan dauerhaft im Kontext weiterer bedeutender Denkmäler der Urnenfelderzeit ausstellen. Der Sammlungsleiterin und Kollegin Angelika Hofmann danke ich sehr herzlich für die wissenschaftliche Aufarbeitung und die erstmalige Präsentation des Fundkomplexes, mit dem die Erforschung der späten Bronzezeit neue Impulse erhält.

Daniel Hess
Generaldirektor

direct connections, despite the very obvious differences in burial culture. While the body of Pharaoh Rameses II was mummified and interred in a funerary monument constructed during his lifetime in the Valley of the Kings, all that survived of the roughly contemporary wagon driver and his vehicle were ashes and metal fragments that were either cremated with the body or subsequently placed in the grave.

The exchange of raw materials and technological innovations is another indication of the existence, even at this early point, of a large cultural network allowing resources and influences to pass back and forth far beyond the confines of present-day Europe. For example, technical features of the spoked wheel can be traced to the Carpathian Basin and from there back to the Mycenaean Culture of ancient Greece. And it is no coincidence that, at a time when the exchange of copper, tin, and amber formed the basis for long-distance trading links, the site where the wagon grave was discovered lay on a Bronze Age trade route.

As an archaeological discovery, the Essenbach wagon grave is as astonishing as it is rare, and the fact that it was possible to excavate and analyze it in line with the latest archaeological standards gives it international importance. Now, for the first time, it is going on public display. The Germanisches Nationalmuseum is extremely grateful to the municipality of Essenbach and its mayor, Dieter Neubauer, for presenting us with the wagon grave in 2019. From now on, it will form part of our permanent exhibition of major monuments from the Urnfield period. I am also extremely grateful to my colleague Angelika Hofmann, head of the museum's archaeological collection, for her scholarly work in preparation for this, the very first presentation of the Essenbach wagon grave, which will undoubtedly inspire further studies into the Late Bronze Age.

Daniel Hess
Director-General

Von Essenbach nach Nürnberg – Ein bedeutender Neuzugang für das Germanische Nationalmuseum

Zu den wichtigsten Neuzugängen, die die archäologische Sammlung des Germanischen Nationalmuseums in den letzten Jahren zu verzeichnen hat, gehören die Funde der archäologischen Ausgrabung Essenbach-„Blumenäcker". Die Grabung wurde 2011 in Essenbach, dem Hauptort der gleichnamigen, im Landkreis Landshut in Niederbayern gelegenen Marktgemeinde durchgeführt. Wie so oft, machte die Ausweisung eines Neubaugebiets die bauvorgreifende archäologische Untersuchung notwendig, bei der unter anderem ein Friedhof der bronzezeitlichen Urnenfelderkultur (1300–800 v.Chr.) aufgedeckt wurde. Da die Marktgemeinde Essenbach sowohl die Eigentümerin des Neubauareals war als auch die Kosten der Ausgrabung trug, war sie – nach den damals geltenden rechtlichen Bestimmungen – Alleineigentümerin des geborgenen Fundguts. Dieser Umstand machte eine unkomplizierte Schenkung an das Germanische Nationalmuseum möglich, die 2019 mit einer persönlichen Übergabe durch den Ersten Bürgermeister der Gemeinde, Dieter Neubauer, erfolgte.

Der wichtigste Befund des urnenfelderzeitlichen Gräberfelds ist ein Wagengrab (Abb. 1). Da Gräber mit Wagenbeigabe nur einem ausgewählten und ausgesprochen kleinen Personenkreis vorbehalten waren, sind sie alles andere als Routineerscheinungen im Ausgrabungsalltag. Sowohl sein Seltenheitswert als auch der

From Essenbach to Nuremberg – An Important New Accession to the Germanisches Nationalmuseum

Among the most important new exhibits to enter the Germanisches Nationalmuseum's archaeological collection in recent years are the finds from the Essenbach "Blumenäcker" excavation. The excavation was carried out in 2011 at Essenbach in the Landshut district in Lower Bavaria. As is so often the case, this was a pre-construction investigation, triggered by the designation of a new development area, and among the features uncovered was a cemetery from the Bronze Age Urnfield Culture (1300–800 BC). Because the municipality of Essenbach was both the owner of the land slated for development and the body paying for the excavation, the regulations in force at the time made the municipality the sole owner of the recovered finds. This, in turn, meant that there were fewer bureaucratic hurdles to donating the finds to the Germanisches Nationalmuseum, and they were handed over in person by the municipality's First Mayor, Dieter Neubauer, in 2019.

The most significant archaeological feature of the Urnfield-period cemetery was a wagon grave (fig. 1). Wagon graves were the prerogative of an extremely small and select group of individuals, and so their discovery is by no means an everyday occurrence in routine archaeology. The Essenbach wagon grave is of national scientific importance, both on account of its rarity and because, fortunately,

glückliche Umstand, dass der Befund bei einer planmäßigen Ausgrabung nach aktuellen Standards untersucht werden konnte, verleihen dem Essenbacher Wagengrab eine überregionale wissenschaftliche Bedeutung. Darüber hinaus ist es ein in vielerlei Hinsicht aussagekräftiges Zeugnis der elitären Bestattungskultur der urnenfelderzeitlichen Machthaber. Das Wagengrab ist somit eine wesentliche Bereicherung für die archäologische Sammlung des Germanischen Nationalmuseums, die mit dem Goldhut von Ezelsdorf/Buch im Themenbereich „Eliten der Bronzezeit" bereits ein Exponat von Weltrang aufzuweisen hat. Waren es bislang undokumentiert geborgene Einzel- oder Depotfunde, die in der Sammlung thematische Schlaglichter auf die Elitenkultur der Bronzezeit warfen, so treten mit dem wissenschaftlich erfassten und dokumentierten Befund des Essenbacher Wagengrabs nun ein auswertbarer „Tatort" und eine Persönlichkeit hinzu, die Auskunft über die Lebens- und Gedankenwelt der Mächtigen der Bronzezeit geben.

Dem Rang des Neuzugangs entsprechend, nimmt nun, nach Abschluss der am Institut für Kunsttechnik und Konservierung des Germanischen Nationalmuseums durchgeführten Restaurierung, eine Sonderausstellung diesen herausragenden Befund und seine kulturgeschichtliche Bedeutung in den Blick. Im Anschluss wird das Essenbacher Wagengrab seinen angemessenen Platz in der Dauerausstellung des Germanischen Nationalmuseums einnehmen, in unmittelbarer Nähe zum urnenfelderzeitlichen Goldhut. Zudem soll eine wissenschaftliche Publikation des Gräberfelds Essenbach-„Blumenäcker" erfolgen.

Der Marktgemeinde Essenbach, namentlich dem Ersten Bürgermeister Dieter Neubauer, gilt der allerherzlichste Dank des Germanischen Nationalmuseums für diese wichtige Schenkung.

it was discovered during a planned investigation and could therefore be excavated in line with the latest archaeological standards. Above all, the grave bears eloquent testimony to many aspects of the elite burial customs of Urnfield-Culture rulers and therefore marks a major new addition to the museum's archaeological collection, whose permanent display on "Elites of the Bronze Age" is already home to an artifact of international importance: the Golden Hat of Ezelsdorf/Buch. Up until now, however, we have had only undocumented finds of stray artifacts and hoards to shed light on elite Bronze Age Culture. In the Essenbach wagon grave – a scientifically excavated and documented feature – we now also have a burial where solid "detective work" can be carried out with reliable data, on a high-ranking individual with the potential to reveal information about the lived reality and conceptual world of those who wielded power in the Bronze Age.

Now that conservation has been completed at the museum's own Institut für Kunsttechnik und Konservierung, it is fitting that this outstanding acquisition should be given its own special exhibition, examining both the wagon grave itself and its historical and cultural significance. When the exhibition closes, the wagon grave will take its rightful place in the permanent exhibition, alongside the Urnfield-period Golden Hat. In addition, a scientific publication of the Essenbach "Blumenäcker" cemetery is to be made.

Our sincere thanks go to the municipality of Essenbach and its First Mayor, Dieter Neubauer, for making this important donation.

1—Das Wagengrab (Befund 100a) von Essenbach-„Blumenäcker“ (Lkr. Landshut, Niederbayern) während der Ausgrabung 2011, von Süden aus betrachtet. Zu erkennen sind zwei Bruchsteine in der nördlichen und östlichen Ecke des Grabs, eine Ansammlung von Keramikscherben im Zentrum, eine Anhäufung von Bronzeobjekten im Bereich des östlichen Steins sowie zwei Keramikgefäße in der nördlichen und südlichen Ecke des Grabs.

1—The wagon grave (Feature 100a) from the “Blumenäcker” archaeological site at Essenbach (Landshut district, Lower Bavaria) during the 2011 excavation, viewed from the south. Two large stones can be seen in the northern and eastern corners of the grave, a collection of pottery sherds in the middle, a heap of bronze objects next to the stone in the eastern corner, and two pottery vessels in the northern and southern corners.

Vom Acker ins Museum – Das Brandgräberfeld Essenbach-„Blumenäcker“

Die Ausweisung des Neubaugebiets „Blumenäcker“ am nördlichen Ortsrand von Essenbach (Lkr. Landshut, Niederbayern) machte 2011 eine etwa 2 ha Fläche umfassende archäologische Ausgrabung notwendig (Abb. 2). Das bis dahin als landwirtschaftliche Anbaufläche genutzte Gelände liegt rund 10 km nordöstlich der Stadt Landshut, im Bereich der nördlichen Hochterrasse des Flusstals der Isar. Zahlreiche der Isar zufließende Bachläufe sowie die teilweise mehrere Meter mächtige Bedeckung des Areals mit fruchtbarem Lössboden, der sich während der letzten Eiszeit abgelagert hatte, boten den Menschen optimale Siedlungsbedingungen. Wie dicht an dicht aneinandergereihte archäologische Fundstellen zeigen, wird die Isarhochterrasse um Landshut seit dem Beginn der Jungsteinzeit in Mitteleuropa um etwa 5500 v.Chr. kontinuierlich besiedelt und bewirtschaftet.

Das Neubaugebiet Essenbach-„Blumenäcker“ weist eine sanft nach Südosten abfallende Hanglage auf. Bei der archäologischen Untersuchung wurden eine Siedlung der Jungsteinzeit (5500–2200 v.Chr.) sowie ein Friedhof der bronzezeitlichen Urnenfelderkultur (1300–800 v.Chr.) freigelegt. Die rund 30 entdeckten Gräber erstreckten sich am Fuße des Hangs auf einer Länge von etwa 120 m in südwestlicher Richtung. Wie für die Urnenfelderkultur typisch, handelte es sich in allen Fällen um Brandbestattungen. Als Sensation erwies sich Befund 100a,

From Field to Museum – The Essenbach “Blumenäcker” Cremation Cemetery

In 2011, local authorities gave the green light to the new “Blumenäcker” development site, on the northern edge of Essenbach (Landshut District, Lower Bavaria). Planning permission came with the requirement that a preliminary archaeological investigation of an area of approximately 2 hectares be carried out (fig. 2). Previously arable farmland, the area lies some 10 kilometers northeast of the town of Landshut, on the northern upper fluvial terrace of the Isar Valley. The numerous streams draining into the Isar and the layer of fertile loess, deposited during the last Ice Age and several meters thick in places, offer optimal conditions for human settlement. As can be seen from the densely distributed archaeological sites, the Isar’s upper fluvial terrace has been continuously settled and exploited in the Landshut area since the beginning of the Central European Neolithic, in approximately 5500 BC.

The Essenbach “Blumenäcker” development site lies on a hillside with a gentle southeasterly slope. The archaeological excavation uncovered both a settlement from the Neolithic (5500–2200 BC) and a cemetery from the Bronze-Age Urnfield Culture (1300–800 BC). Approximately 30 graves were identified, extending along the foot of the slope for some 120 meters in a southwesterly direction. Typically for Urnfield Culture cemeteries, they

der sich während der Ausgrabung als eines der äußerst seltenen urnenfelderzeitlichen Wagengräber zu erkennen gab (Abb. 3). Bestattungen, denen die Überreste eines auf dem Scheiterhaufen mitverbrannten Wagens beigegeben wurden, stellen ein zu Beginn der Urnenfelderzeit neuartiges Phänomen dar. Solche Wagengräber waren einer ausgesprochen kleinen und elitären Personengruppe vorbehalten, die an der Spitze der urnenfelderzeitlichen Gesellschaft stand. Es ist ein Glücksfall, dass dieser herausragende Befund im Zuge einer planmäßigen Ausgrabung untersucht werden konnte, die von Fachleuten nach wissenschaftlichen Standards durchgeführt und vom Bayerischen Landesamt für Denkmalpflege als zuständiger zentraler Fachbehörde begleitet wurde. Denn damit war eine sachgemäße wissenschaftliche Untersuchung, Dokumentation und Bergung gewährleistet. Da ein im Boden erhaltener archäologischer Befund bei einer Ausgrabung zerstört wird, ist eine genaue und detaillierte Befunddokumentation mittels Vermessung, Fotoaufnahmen und Zeichnungen unerlässlich. Sie bildet die Voraussetzung für die wissenschaftliche Auswertung und Deutung des Befunds und der darin enthaltenen Fundstücke. Nur so sind zuverlässige kulturgeschichtliche Rückschlüsse auf das Leben der Menschen in der Vergangenheit möglich.

Alle bei der Ausgrabung des Neubaugebiets „Blumenäcker“ geborgenen Funde kamen 2019

were all cremation burials. Feature 100a was a sensational discovery, proving on excavation to be an extremely rare Urnfield-period wagon grave (fig. 3). The practice of furnishing graves with the remains of a wagon, which had been cremated on the funeral pyre along with the body of the deceased, was a new phenomenon at the beginning of the Urnfield period. Such wagon graves were reserved for an extremely small and elite group of individuals occupying positions at the very pinnacle of Urnfield-period society. By a stroke of luck, it was possible to investigate this remarkable feature in the context of a planned excavation, carried out to the latest scientific standards by archaeologists under the supervision of the Bayerisches Landesamt für Denkmalpflege, which coordinated the investigation. Proper scientific analysis, documentation, and retrieval were therefore guaranteed. All archaeological features preserved in the ground are typically destroyed during excavation. Carrying out precise and detailed documentation of the excavation process, including measurements, photographs, and drawings, is therefore of the utmost importance. The documentation then forms the basis for a scientific analysis and evaluation of the feature and the finds preserved within it. No reliable conclusions about the history and culture of the people of the past can be reached unless these procedures are followed.

2—Luftbild von Essenbach (Lkr. Landshut, Niederbayern), von Westen aus betrachtet. Links im Bild, blau hervorgehoben, das am nördlichen Ortsrand von Essenbach gelegene, archäologisch untersuchte Neubaugebiet „Blumenäcker“.

2—Aerial photograph of Essenbach (Landshut district, Lower Bavaria), viewed from the west. The “Blumenäcker” development site, where the archaeological investigations were carried out, lies on the northern edge of the village and is highlighted in blue on the left.

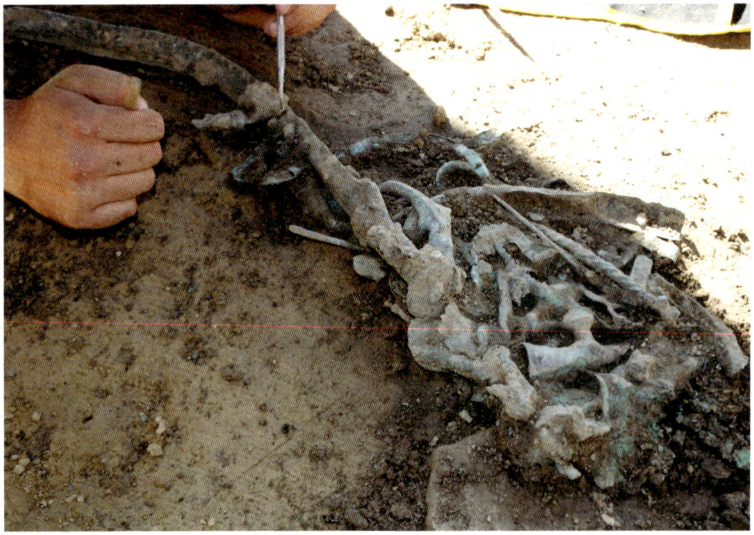

3—Die in dichter Anhäufung aufgefundenen Bronzebeigaben des Wagengrabs (Befund 100a) von Essenbach-„Blumenäcker“ (Lkr. Landshut, Niederbayern) während der Freilegung 2011. Bei den meisten der verbrannten Bronzeobjekte handelt es sich um die Bestandteile eines vierrädrigen Wagens sowie des zugehörigen Pferdegeschirrs. In der Fundansammlung gut zu erkennen ist ein Schwert mit seiner zur linken oberen Bildecke hin verlaufenden Klinge.

3—The compacted heap of bronze grave goods found in the wagon grave (Feature 100a) at the Essenbach “Blumenäcker” site (Landshut district, Lower Bavaria), photographed during excavation in 2011. Most of the fire-damaged objects were components of a four-wheeled wagon or pieces of the wagon team's harness. A sword can also be clearly seen, the blade pointing toward the top left-hand corner of the picture.

als Schenkung der Marktgemeinde Essenbach an das Germanische Nationalmuseum, wo sie auch restauriert wurden. Der Erhaltungszustand der geborgenen Fundstücke ist sehr unterschiedlich. Häufig sind sie unvollständig und beschädigt. Dabei kommen mehrere Ursachen zum Tragen. Dazu gehört das urnenfelderzeitliche Bestattungsbrauchtum. So wurden die Grabbeigaben meist zusammen mit den Verstorbenen verbrannt oder durch gezieltes Verbiegen oder Zerbrechen unbrauchbar gemacht (Abb. 4). Weitere wichtige Faktoren, die Einfluss auf den Erhaltungszustand der Fundstücke haben, sind die uneinheitlichen Bestattungstiefen der Gräber sowie die moderne Nutzung der Fläche als Ackerland. Nur bei einigen sehr tief angelegten Gräbern konnten vollständig beigegebene Keramikgefäße noch in ihrer gesamten Höhe geborgen werden (Abb. 5). Bei höher gelegenen Gräbern waren häufig nur noch die unteren Gefäßpartien erhalten, während die oberen Teile bereits weggepflügt worden waren (Abb. 6). Hinzu kommt, dass die bei niedriger Temperatur gebrannten Keramikgefäße durch die Bodenfeuchtigkeit stark aufgeweicht und durch die Last der aufliegenden Erdmassen häufig zerdrückt und verformt waren. Dies erschwerte sowohl ihre Bergung als auch ihre Restaurierung.

In 2019, all the finds recovered during the “Blumenäcker” excavation were presented by the municipality of Essenbach to the Germanisches Nationalmuseum, where they were conserved. Their state of preservation varied greatly, with many artifacts being damaged and incomplete. Several factors contributed to this situation, one of them being the Urnfield-period burial practice itself, which usually involved either cremating the grave goods on the funeral pyre, along with the deceased, or rendering them unusable by deliberate bending, warping, or destruction (fig. 4). Given the use of the area as arable land in modern times, another important factor was the varying depths of the burials. Only a few pottery vessels, originally complete when deposited, were recovered with their upper parts still intact. These originated from a few, very deep graves (fig. 5). In the case of shallower graves, often only the bottoms survived, the tops having long since been destroyed by ploughing (fig. 6). Another factor was the low temperatures at which the vessels had been fired, causing them to become heavily impregnated by moisture from the soil. As a result, they had often been crushed and deformed by the weight of the overlying earth, a factor which hampered both their excavation and their conservation.

4—Das Bronzeschwert aus dem Essenbacher Wagengrab. Die Klinge wurde absichtlich verbogen und das untere Ende abgetrennt. Beide Teile sind angeschmolzen. Sie wurden also nach ihrer Zerstörung auf dem Scheiterhaufen mitverbrannt. Essenbach (Lkr. Landshut, Niederbayern); Grabfund; frühe Urnenfelderzeit, 13. Jh. v.Chr.; Bronze; L. (ohne Klingenende) ca. 53 cm; Germanisches Nationalmuseum, Inv. FG 3023,0.

4—The bronze sword from the Essenbach wagon grave. The blade has been deliberately bent and the tip broken. The metal of both pieces has partially melted, indicating that the sword must have been placed on the funeral pyre after it was rendered unusable. Essenbach (Landshut district, Lower Bavaria); grave find; early Urnfield period, 13th century BC; bronze; length (without tip) approx. 53 cm; Germanisches Nationalmuseum, Inv. FG 3023,0.

5—Befund 151 von Essenbach-„Blumenäcker“ (Lkr. Landshut, Niederbayern) während der Ausgrabung 2011. Das Urnengrab wurde so tief angelegt, dass die Urne bei der Freilegung noch in ganzer Höhe erhalten war. Die Last der aufliegenden Erdmasse führte zum Zerspringen des Keramikgefäßes. Höhe des Gefäßes: ca. 50 cm.

5—Feature 151 from the Essenbach “Blumenäcker” site (Landshut district, Lower Bavaria), during excavation in 2011. This urn grave had been dug so deeply that the urn was still preserved to its full height when excavated, although the weight of the overlying soil had caused the pottery to crack. Height of vessel: approx. 50 cm.

6—Befund 135 von Essenbach-„Blumenäcker“ (Lkr. Landshut, Niederbayern) während der Ausgrabung 2011. Das Urnengrab war durch die moderne Beackerung des Geländes bereits gestört. Das Keramikgefäß ist nur noch bis zur Schulterpartie erhalten, während der obere Teil mit der Gefäßmündung bereits weggepflügt wurde. Erhaltene Höhe des Gefäßes: ca. 26 cm.

6—Feature 135 from the Essenbach “Blumenäcker” site (Landshut district, Lower Bavaria), during excavation in 2011. This urn grave had already been disturbed by modern cultivation. The pottery vessel was only preserved to shoulder height, while the upper part, including the mouth, had long since been destroyed by ploughing. Preserved height of vessel: approx. 26 cm.

Der kulturgeschichtliche Rahmen

Am Ende der Bronzezeit – Die Urnenfelderkultur

Der weit mehr als tausend Jahre umfassende Zeitabschnitt der Bronzezeit (2200–800 v.Chr.) ist nach dem in dieser Epoche neu entwickelten Werkstoff Bronze benannt. Erste Kupferobjekte kamen bereits im Laufe der Jungsteinzeit (5500–2200 v.Chr.) in Gebrauch. Doch erst in der frühen Bronzezeit setzte sich die Metalltechnologie endgültig durch. Das weiche und spröde Kupfer wurde nun von der robusteren, aus Kupfer und Zinn legierten Bronze abgelöst.

Die Bronzezeit wird in Mitteleuropa in drei Abschnitte eingeteilt, bei deren Unterscheidung das Bestattungsbrauchtum eine wichtige Rolle spielt (Abb. 7). In der Frühbronzezeit (2200–1600 v.Chr.), als erstmals die legierte Bronze in Gebrauch kam, waren Körperbestattungen in flachen Erdgräbern üblich. Die Beisetzung der Verstorbenen erfolgte in Hockerstellung, wobei der Leichnam mit angewinkelten Armen und Beinen niedergelegt wurde. Die Mittelbronzezeit (1600–1300 v.Chr.) wird in Zentraleuropa auch als Hügelgräberbronzezeit bezeichnet. Die Toten wurden in Grabhügeln beigesetzt. Meist handelte es sich um Körperbestattungen in gestreckter Rückenlage. Nur in seltenen Fällen wurden die Verstorbenen verbrannt und die Asche lose oder in einer Keramikurne im Grabhügel be-

The Cultural and Historical Context

At the Tail-End of the Bronze Age – The Urnfield Culture

Spanning well over a thousand years, the Bronze Age (2200–800 BC) is named after the material that was first developed at this time: bronze. The earliest copper artifacts were already in use in the Neolithic period (5500–2200), but it was only in the early Bronze Age that metallurgy really came into its own. Soft, brittle copper was replaced by bronze, a far more resilient alloy of copper and tin.

The Central European Bronze Age is divided into three periods, differentiated largely on the basis of burial customs (fig. 7). In the Early Bronze Age (2000–1600 BC), when bronze alloys were first used, inhumation in flat graves was the general practice. The dead were buried in a crouched position, with their arms and legs flexed. In the Middle Bronze Age (1600–1300 BC), also known in Central Europe as the Tumulus Culture, the dead were interred in barrows. These were usually inhumation burials, with the bodies placed in an extended supine position. Only in rare cases were they cremated and the ashes deposited in the barrow, either scattered or enclosed in a pottery urn. Often, a single mound was used for several burials. Barrows are often still found preserved in forest settings.

The Late Bronze Age is also known as the Urnfield period (1300–800 BC) across large

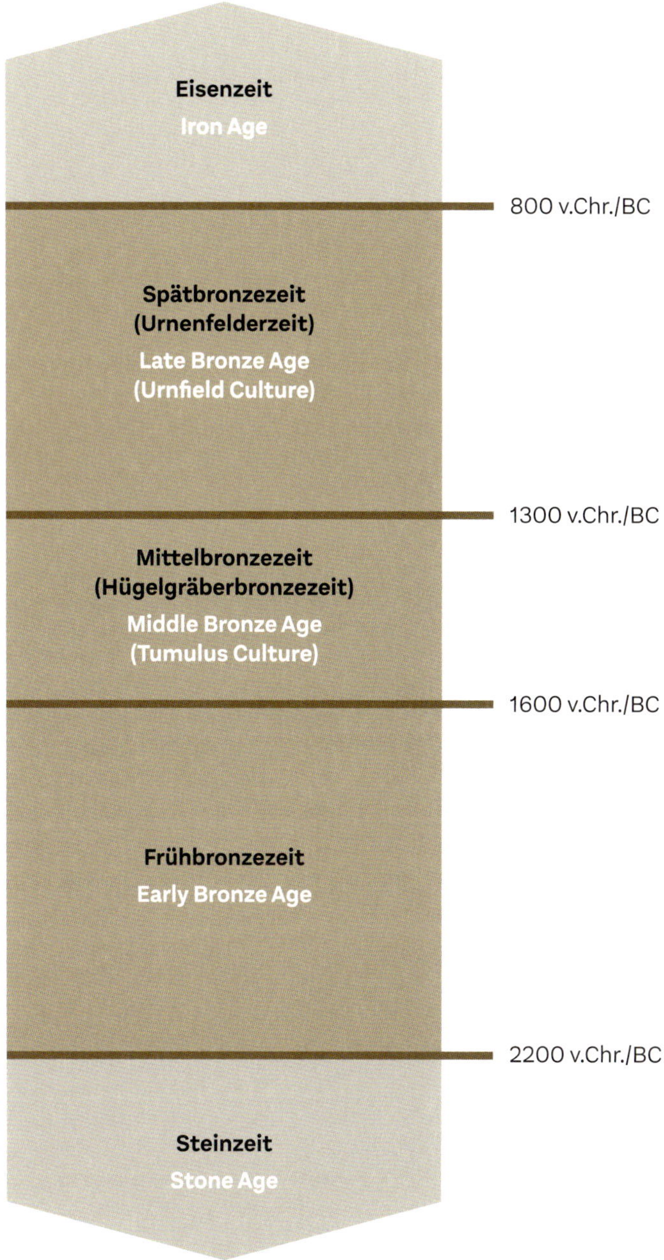

7—Die zeitliche Einteilung der Bronzezeit. Nachdem der Stein lange Zeit der dominierende Werkstoff in der Geschichte der Menschheit gewesen war, begann um 2200 v.Chr. in Mitteleuropa die Epoche der Bronzezeit. Sie umfasst rund 1400 Jahre und wird in drei Abschnitte eingeteilt. Ein wichtiges Unterscheidungsmerkmal ist das Bestattungsbrauchtum. Die etwa 500 Jahre andauernde Urnenfelderzeit ist durch die Beisetzung der eingeäscherten Verstorbenen auf Brandgräberfriedhöfen, sogenannten Urnenfeldern, gekennzeichnet. Mit der Nutzung des neuen Metalls Eisen wurde die Bronzezeit in Zentraleuropa um 800 v.Chr. von der Epoche der Eisenzeit abgelöst.

7—The chronology of the Bronze Age. Following a long period in which stone had been the dominant raw material in human history, the Bronze Age began around 2200 BC in Central Europe and lasted for approximately 1400 years. It is divided into three periods. One of the main criteria for this periodization is burial culture. Corresponding to the late Bronze Age and lasting for about 500 years, the Urnfield period is characterized by the custom of interring the cremated remains of the dead in cremation cemeteries known as “urnfields.” The Bronze Age came to an end with the use of a new metal: iron. In Central Europe, the Iron Age succeeded the Bronze Age in around 800 BC.

stattet. Häufig wurde ein Hügel für mehrere Bestattungen genutzt. Oftmals haben sich solche Grabhügel bis heute in vielen Wäldern erhalten.

Die Spätbronzezeit wird in weiten Teilen Europas auch als Urnenfelderzeit (1300–800 v.Chr.) bezeichnet. Das Kerngebiet der archäologischen Regionalgruppen, die als Urnenfelderkultur zusammengefasst werden, erstreckte sich von Ostfrankreich im Westen bis in das Karpatenbecken im Osten sowie von der deutschen Mittelgebirgsschwelle im Norden bis zu den Alpen. Mit dem Beginn der Urnenfelderzeit vollzog sich ein tiefgreifender Wandel im Bestattungswesen. Die Toten wurden nun fast ausnahmslos verbrannt und auf Brandgräberfriedhöfen, sogenannten Urnenfeldern, beigesetzt. Diese konnten sehr groß sein und manchmal mehrere hundert Gräber umfassen. Meist wurden Urnengräber angelegt, bei denen die Asche der Verstorbenen in Keramikgefäßen niedergelegt wurde (Abb. 5, 6). Daneben gab es aber auch Brandschüttungsgräber, bei denen die Asche lose, ohne bergendes Gefäß, in die Grabgrube geschüttet wurde (Abb. 1). Der rasche Wechsel zur Brandbestattung lässt sich mit einem grundlegenden Wandel der religiösen Vorstellungswelt erklären. Dies wird in der verwendeten Symbolik deutlich. Zu den typischen religiösen Zeichen beziehungsweise Bedeutungsträgern der Urnenfelderkultur gehören etwa die Sonne, der Wasservogel und das Schiff. Neben den Bestattungssitten und der religiösen Symbolsprache wird die Urnenfelderkultur von weiteren verbindenden Merkmalen gekennzeichnet, etwa charakteristischen Keramik- und Metallformen sowie Verzierungen. Im Laufe der rund 500 Jahre umfassenden Urnenfelderzeit waren die meisten der verwendeten Schmuck-, Waffen- und Gefäßtypen Formveränderungen unterworfen. Diese bilden die Grundlage für eine feinere Untergliederung der Urnenfelderkultur in fünf Zeitabschnitte: frühe (1300–1200 v.Chr.), ältere (1200–1100 v.Chr.), mittlere (1100–1050 v.Chr.), jüngere (1050–950 v.Chr.) und späte (950–800 v.Chr.) Urnenfelderzeit (Abb. 8).

Die auf dem Areal Essenbach-„Blumenäcker“ freigelegten Gräber gehören der rund 100 Jahre umfassenden frühen Urnenfelderzeit an, also

areas of Europe. The regional archaeological groups collectively referred to as the Urnfield Culture occupied a core area extending from eastern France in the west to the Carpathian Basin in the east, and from the German central Uplands to the Alps. The beginning of the Urnfield Culture was marked by a profound change in burial rites. Almost without exception, the dead were now cremated and interred in cremation cemeteries or “urn fields.” These could be very large, sometimes comprising several hundred burials. Most were urn graves, in which the ashes of the dead were deposited in pottery vessels (figs. 5, 6), but there were also so-called “unurned cremations,” where the ashes were simply scattered in the grave, without any protective container (fig. 1). The rapid transition to cremation can be explained by a fundamental change in the world of religious ideas, which can also be traced in new religious imagery. The characteristic religious symbols or signifiers of the Urnfield Culture include the sun, waterfowl, and barques or boats. As well as burial customs and religious symbolic language, other identifying features of the culture include characteristic pottery shapes, cast-metal mold designs, and ornamentation styles. Over the approximately 500 years encompassed by the Urnfield Culture, most jewelry, weapon, and vessel types underwent changes. These changes form the basis for a more precise subdivision into five time periods: the early (1300–1200 BC), older (1200–1100 BC), middle (1100–1050 BC), younger (1050–950 BC), and late (950–800 BC) Urnfield periods (fig. 8).

The graves uncovered at the Essenbach “Blumenäcker” site belonged to the approximately 100-year-long early Urnfield period; in other words, the 13th century BC. The graves were typical examples of the Urnfield-period burial culture. As such, they were all cremation burials. They included graves both with and without urns, but, as is typical for early Urnfield cemeteries, graves without urns predominated. Most of the grave goods recovered were smashed or damaged (fig. 4). In the Urnfield burial rite, the deceased, dressed in their finery and accompanied by selected grave goods,

8—Die zeitliche Untergliederung der Urnenfelderkultur. Die rund 500 Jahre umfassende Urnenfelderzeit wird von der archäologischen Wissenschaft in fünf Zeitabschnitte unterteilt. Wichtige Unterscheidungsmerkmale sind die Formen und Verzierungen der verwendeten Keramikgefäße und Metallobjekte. Die archäologische Forschung verwendet zur Unterscheidung der einzelnen Zeitstufen meist durch Buchstaben und Zahlen bezeichnete Kürzel. Das Gräberfeld von Essenbach-„Blumenäcker" gehört der frühen Urnenfelderzeit an. Sie datiert in das 13. Jahrhundert v.Chr. und wird fachwissenschaftlich als Stufe Bz D bezeichnet.

8—Periodization of the Urnfield Culture. The Urnfield period, lasting around 500 years, is subdivided by archaeologists into five time sections. Important criteria for this periodization are the shapes and decoration of pottery vessels and metal objects. Archaeological periods are usually referred to by abbreviations comprising letters and numbers. The Essenbach "Blumenäcker" cemetery belongs to the early Urnfield period, which dates to the 13th century and is known by archaeologists as period Bz D.

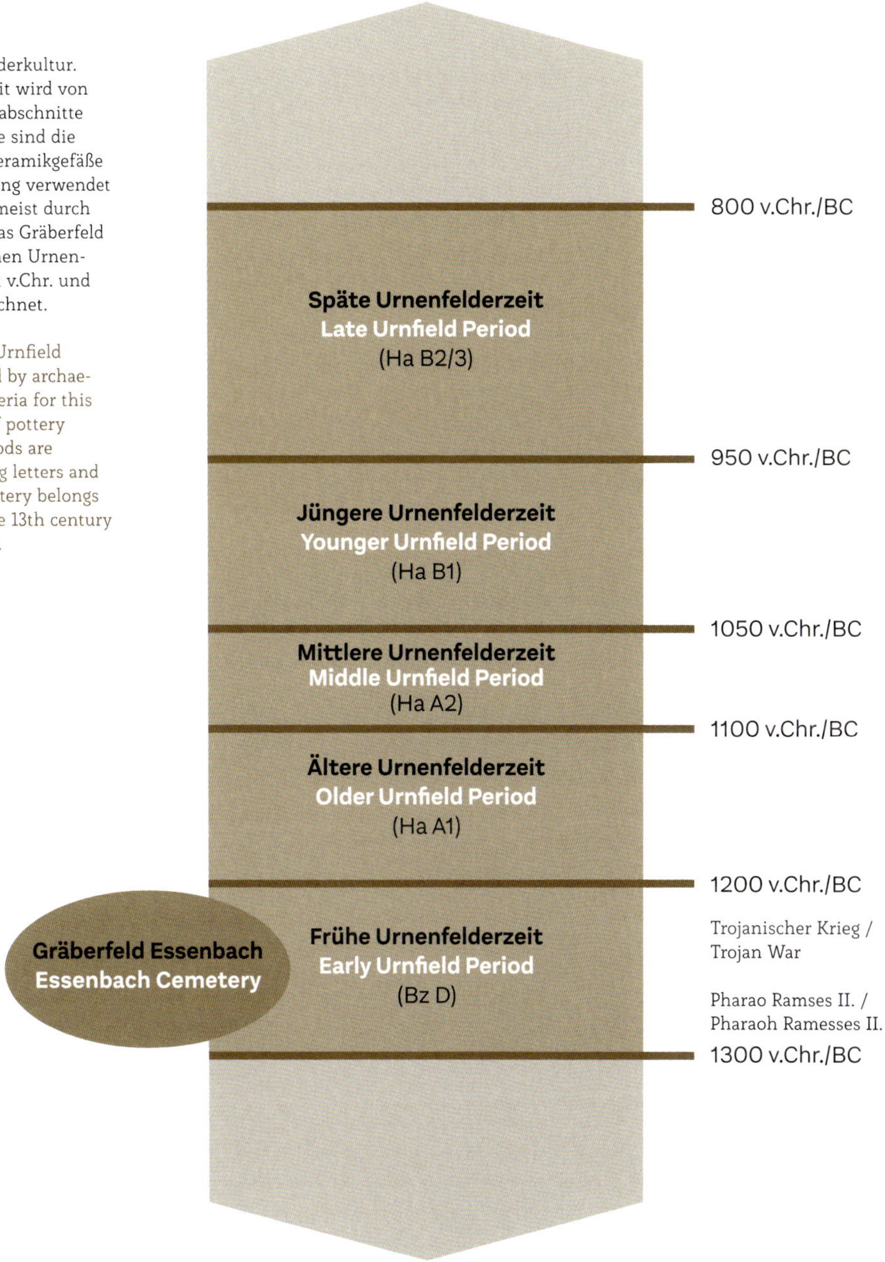

dem 13. Jahrhundert v.Chr. Die Grabbefunde sind typische Vertreter der urnenfelderzeitlichen Bestattungskultur. So handelt es sich in allen Fällen um Brandgräber. Dabei begegnen sowohl Brandschüttungs- als auch Urnengräber, wobei die Brandschüttungen zahlenmäßig überwiegen, wie es charakteristisch für die frühe Urnenfelderzeit ist. Die aus den Gräbern geborgenen Beigaben sind meist zerstört oder beschädigt (Abb. 4). So wurden die Verstorbenen in ihrer Trachtausstattung und mit ausgewählten Beigaben auf dem Scheiterhaufen verbrannt. Nach dem Auskühlen der Scheiterhaufenreste wurden die Rückstände, sowohl die menschlichen Überreste, der sogenannte Leichenbrand, als auch die Metall- und Keramikreste, mehr oder weniger sorgfältig für die Beisetzung ausgelesen. Manche Beigaben wurden auch absichtlich, durch Zerbrechen oder Verbiegen, unbrauchbar gemacht und damit einer Verwendung in der Welt der Lebenden bewusst entzogen. Wie der Körper der verstorbenen Person durch das Feuer, so sollten auch diese Bestandteile ihrer Grabausstattung zerstört werden. Daneben finden sich in den Gräbern aber auch Beigaben, die keine Beschädigungen erkennen lassen. Die aus den Essenbacher Gräbern geborgenen Fundstücke sind mit ihren Formen und Verzierungen typisch für die frühe Urnenfelderkultur. Dazu gehören etwa Trichterhalsgefäße aus Keramik, die häufig aufwendig mit in die Gefäßoberfläche eingeschnittenen Mustern, plastischen Riefen und Buckeln dekoriert sind, sowie Bronzemesser mit gewölbtem Rücken (Abb. 9).

were cremated on a funeral pyre. When the ashes of the pyre had cooled, the remains, including both charred human bones and what was left of the metal and pottery artifacts, were picked out of the debris – with varying degrees of care – for burial. Other grave goods were often also deliberately rendered unusable, either by smashing or warping, the purpose being to withdraw them from use in the world of the living. Just as the body of the deceased person had to be destroyed, so, too, did these components of the grave furnishings. Besides the damaged artifacts, however, the graves often also contained other artifacts which do not appear to have been deliberately damaged. The shapes and ornamentation of the finds recovered from the Essenbach graves are typical of the early Urnfield Culture. They include, for example, funnel-necked pottery vessels, many of them decorated with elaborate incised patterns and applied bosses, and bronze knives with curved spines (fig. 9).

9—Bronzemesser und mehrere Keramikgefäße aus verschiedenen Gräbern des Friedhofs Essenbach-„Blumenäcker“ nach der Restaurierung. Das kleinere der beiden Trichterhalsgefäße (rechts) trägt eine Musterkombination aus horizontalen Linien, rautenförmigen Schraffuren, senkrechten Riefen und plastisch aus dem Gefäß herausgearbeiteten Buckeln. Essenbach (Lkr. Landshut, Niederbayern); Grabfunde; frühe Urnenfelderzeit, 13. Jh. v.Chr.; Keramik; größtes Gefäß: H. ca. 20,5 cm; Germanisches Nationalmuseum, Inv. FG 3022,0.

9—A bronze knife and several pottery vessels from the Essenbach “Blumenäcker” cemetery, after conservation. The smaller of the two funnel-necked vessels (right) is decorated with a combination of horizontal lines, diamond hatching, scored vertical lines, and raised bosses. Essenbach (Landshut district, Lower Bavaria); grave finds; early Urnfield period, 13th century BC; pottery; largest vessel: height approx. 20.5 cm; Germanisches Nationalmuseum, Inv. FG 3022,0.

Zeitgenossen – Ägypter, Hethiter, Griechen und Trojaner

Unsere Kenntnis der Urnenfelderkultur basiert rein auf archäologischen Sachfunden. Die Schrift war zu dieser Zeit in Zentraleuropa noch unbekannt. Dagegen wurde der östliche Mittelmeerraum bereits von schriftführenden Kulturen dominiert. So war in Griechenland die mykenische Kultur verbreitet, während in der heutigen Türkei das Reich der Hethiter bestand und in Ägypten die Pharaonen des Neuen Reichs herrschten.

Etwa zur gleichen Zeit, als auf dem Urnengräberfeld von Essenbach-„Blumenäcker" bestattet wurde, hat Ägypten seinen größten Pharao hervorgebracht, Ramses II. (ca. 1303 v.Chr. – 1213 v.Chr.) aus der 19. Dynastie. In seine Regierungszeit fällt der erste bekannte Friedensvertrag der Geschichte, der 1259 v.Chr. zwischen Ägypten und dem Hethiterreich geschlossen wurde. Zu den bekanntesten Bauwerken, die Ramses errichten ließ, zählt die Tempelanlage von Abu Simbel (Abb. 10). Mit Ramses wird von einigen Forschenden auch der Auszug der Israeliten aus Ägypten in Verbindung gebracht. Da der Exodus aber nur in der Bibel geschildert wird, in ägyptischen Quellen jedoch keine Erwähnung findet, wird er als historisches Ereignis von der Wissenschaft stark in Zweifel gezogen.

Contemporaries – Egyptians, Hittites, Greeks, and Trojans

Our knowledge of the Urnfield Culture is based solely on material archaeological finds. Writing was still unknown in Central Europe at this period. By contrast, the eastern Mediterranean was already dominated by advanced civilizations with written cultures. The Mycenaean civilization, for example, flourished in much of Greece, the Hittite Kingdom occupied what is now Turkey, and the pharaohs of the New Kingdom ruled in Egypt.

At roughly the same time as people were being buried in the Urnfield cemetery at Essenbach's "Blumenäcker," Egypt produced its greatest pharaoh, the 19th-Dynasty ruler Ramesses II (c. 1303 BC–1213 BC). History's first recorded peace treaty was concluded during his reign, agreed between Egypt and the Hittite Kingdom in 1259 BC. Ramesses II's famous architectural achievements include the temple complex at Abu Simbel (fig. 10). Some scholars have even associated the Israelites' Exodus from Egypt with his reign. Others, however, have raised serious doubts as to whether the Exodus was an actual, historical event, because, although it is described in the Bible, there is no mention of it in surviving Egyptian sources.

There is also disagreement about whether the Trojan War, described in the Iliad, really

10—Der Große Tempel von Abu Simbel (Muhāfazat Aswān), Ägypten. Pharao Ramses II. (ca. 1303 v.Chr.–1213 v.Chr.) ließ den Felsentempel zu seinem eigenen Ruhm als göttlicher Herrscher errichten. Die Tempelfassade dominieren vier rund 21 m hohe Kolossalstatuen, die alle Ramses selbst darstellen.

10—The Great Temple of Abu Simbel (Muhāfazat Aswān), Egypt. Pharaoh Ramesses II (c. 1303 BC–1213 BC) had the rock-cut temple built to honor himself as a divine ruler. The temple facade is dominated by four colossal statues, approximately 21 meters high, all representing Ramesses himself.

Auch ob der in dem antiken Epos „Ilias“ geschilderte Trojanische Krieg tatsächlich stattgefunden hat, ist umstritten. Die dem griechischen Dichter Homer (ca. zweite Hälfte 8. Jahrhundert/erste Hälfte 7. Jahrhundert v.Chr.) zugeschriebene „Ilias“ berichtet von den Kämpfen zwischen den Trojanern um König Priamos gegen das Bündnis der Griechen um König Menelaos, auf dessen Seite so illustre Helden wie Achilles und Odysseus standen. Nach unzähligen Schlachten gelang es den Griechen mit Hilfe einer List, Troja zu besiegen und zu zerstören. Dafür wurden griechische Kämpfer im Inneren eines hölzernen Pferds versteckt und in die Stadt eingeschleust, um dem griechischen Heer die Tore Trojas zu öffnen. Der Trojanische Krieg wurde zu einem wichtigen Motiv in der antiken griechischen und römischen Mythologie. Erwähnungen bei griechischen Schriftstellern und Hinweise in hethitischen Texten deuten auf eine Datierung gegen Ende des 13. Jahrhunderts v.Chr. hin. Somit wären auch die Helden des Trojanischen Kriegs Zeitgenossen der in Essenbach beigesetzten Verstorbenen gewesen. Die archäologische Forschung lokalisiert das antike Troja an der in der heutigen Türkei gelegenen Ausgrabungsstätte Hisarlık Tepe (Abb. 11).

took place. Attributed to the Greek poet Homer (c. second half of 8th century/first half of 7th century BC), the Iliad tells the story of the war between the Trojans, led by King Priam, and a Greek alliance led by King Menelaus, whose forces included such illustrious heroes as Achilles and Odysseus. After innumerable battles, the Greeks besieged Troy and used deception to destroy it: Greek warriors, hidden inside a wooden horse and smuggled into the city, opened the gates of Troy to the Greek army. The Trojan War became an important motif in ancient Greek and Roman mythology. References by Greek writers and Hittite texts suggest a date in the late 13th century BC, which would make the heroes of Troy contemporaries of the dead buried at Essenbach. According to archaeological research, the site of ancient Troy is the Hisarlık Tepe excavation site in modern Turkey (fig. 11).

11—Moderner hölzerner Nachbau des Trojanischen Pferds an der Ausgrabungsstätte Hisarlık Tepe (Çanakkale il), Türkei. Der Forscher Heinrich Schliemann (1822–1890) unternahm von 1870 bis zu seinem Tod mehrere Ausgrabungskampagnen am Hisarlık Tepe. Sie machten ihn und die Fundstätte weltberühmt. Die Erforschung der als Troja identifizierten Ausgrabungsstätte dauert bis heute an.

11—A modern wooden replica of the Trojan Horse at Hisarlık Tepe (Çanakkale il), Turkey, which has been identified as the site of Troy. The archaeologist Heinrich Schliemann (1822–1890) carried out several excavation campaigns here between 1870 and his death, which made both the site and Schliemann himself world famous. Excavations are still ongoing today.

Mit der stark zunehmenden Nutzung von Metall entstand im Verlauf der Bronzezeit ein weitreichendes Netzwerk von wirtschaftlichen und kulturellen Kontakten, das ganz Europa und darüber hinaus weite Teile der asiatischen Steppe und des Vorderen Orients umfasste. Ganz entscheidend waren der Abbau von Metallerzen, die zur Herstellung von Bronze benötigt wurden, sowie der Handel damit. Kupfer konnte in vielen europäischen Regionen bergmännisch abgebaut werden, so etwa in den Alpen und im Erzgebirge. Zinnlagerstätten waren hingegen rarer. Wichtige Vorkommen lagen im englischen Cornwall und in der französischen Bretagne. Aber auch für das Erzgebirge ist mittlerweile bronzezeitlicher Zinnabbau belegt.

Der intensive Handel mit den Rohstoffen brachte ein organisiertes Vertriebssystem in Gang, das den weit vernetzten Tauschverkehr zwischen den Regionen ermöglichte. Damit verbunden war der Ausbau von Verkehrswegen und eine Weiterentwicklung des Transportwesens. Gelegentlich haben sich in Mooren hölzerne Bohlenwege erhalten, die sich in die Bronzezeit datieren lassen. Transport erfolgte jedoch nicht nur über Land, sondern auch zu Wasser. Neben Mittelmeer und Atlantik spielten auch die Flüsse als Wasserwege eine wichtige Rolle. Eine besondere Bedeutung kam seit jeher der Donau zu, die als Hauptverkehrsader Zentraleuropa mit dem Karpatenbecken, dem Balkan- und dem Schwarzmeerraum verbindet. Waren und auch geistige Güter, wie technisches Wissen und religiöse Vorstellungen, fanden rasch Verbreitung. Kulturelle Errungenschaften aus dem östlichen Mittelmeerraum und dem Nahen Osten gelangten so auch in das Verbreitungsgebiet der Urnenfelderkultur.

The use of metal increased massively over the course of the Bronze Age, and, as a result, a far-flung network of economic and cultural contacts developed, taking in the whole of Europe and stretching far beyond to large parts of the Asian steppe and the ancient Near East. It was crucial to have access to the mines where the metal ores for bronze production were extracted, and to the routes along which the ores were traded. Copper could be mined in many parts of Europe, including the Alps and the German Ore Mountains (Erzgebirge). Tin was less abundant, however. There were important deposits in Cornwall (England) and Brittany (France), and evidence of Bronze-Age tin mining has also recently come to light in the Ore Mountains.

This intensive trade in raw materials set in motion an organized distribution system, so that goods could be bartered between different regions. Transport routes were expanded and transportation methods improved. From time to time, corduroy (log) roads are discovered, preserved in bogs and dating from the Bronze Age. Transport occurred not only by land, however, but also by water; by sea (the Mediterranean and the Atlantic) and, importantly, by river. For millennia, the Danube has been a vital transport artery, linking Central Europe with the Carpathian Basin, the Balkans, and the Black Sea. Commodities spread rapidly, and so did intellectual goods, such as technical knowledge and religious concepts. Along these routes, cultural achievements from the eastern Mediterranean and the ancient Near East penetrated as far as the distribution area of the Urnfield Culture.

Mit Schwert und Wagen –
Die gesellschaftliche Elite der Urnenfelderzeit

Eine vermehrte Arbeitsteilung und die notwendige Organisation und Kontrolle des Rohstoffabbaus sowie der weiträumigen Handels- und Kontaktnetzwerke führten zu einer immer stärkeren hierarchischen Gliederung der Gesellschaft. Sie spaltete sich auf in mächtige, herrschende Eliten und davon abhängige Bevölkerungsgruppen. Sichtbar wird dies etwa im Siedlungswesen. Neben unzähligen dörflichen Niederlassungen kennzeichnen burgartig befestigte, auf markanten Geländeerhebungen gelegene Siedlungen das Landschaftsbild der Bronze- und Urnenfelderzeit (Abb. 12). Die Errichtung solcher mit Mauern und Gräben gesicherter Zentralorte wäre ohne eine lokale koordinierende und kontrollierende Führungsschicht nicht denkbar gewesen. Das Aufgabenspektrum dieser Höhensiedlungen konnte vielfältig sein. Sie dienten als Machtzentren zur Überwachung und Verwaltung des Umlands, als Kontrollposten an wichtigen Verkehrsknotenpunkten, als Produktions- und Handelszentren, als Zentralorte der Kultausübung sowie als Schutz- und Fluchträume bei kriegerischen Auseinandersetzungen.

Die enormen gesellschaftlichen Unterschiede werden besonders im Bestattungsbrauchtum sichtbar. So waren die Gräber der breiten Bevölkerung, je nach persönlicher Stellung und Wirtschaftskraft, mehr oder weniger reich, eher ärmlich oder auch gar nicht ausgestattet. Dagegen fallen die Gräber der elitären Führungsschicht durch aufwendige Grabbauten und einen besonderen Beigabenreichtum auf. Insbesondere Goldobjekte und aus weit entfernten Regionen eingeführte Luxusgüter, wie baltischer Bernstein, sowie Statussymbole, wie Schwerter, weisen auf die hohe gesellschaftliche Funktion der beigesetzten Personen hin. Mit Beginn der Urnenfelderzeit, im 13. Jahrhundert v.Chr., wird die soziale Rangordnung bei Männergräbern besonders deutlich. So hebt sich eine kleine Führungsschicht hochgerüsteter, wehrhafter Krieger ab, die den Schutz der Bevölkerung und die Sicherung von Produktionsstätten und Handelsverbindungen

With Sword and Wagon –
The Social Elites of the Urnfield Period

The structure of society became increasingly hierarchical, both because there was a growing division of labor and because raw-material extraction and the extensive trade and cultural networks had to be organized and controlled. A split took place, into powerful, ruling elites on the one hand and dependent population groups on the other. This can be seen, for example, in settlement patterns. The landscape of the Bronze-Age Urnfield period was characterized by countless rural hamlets, dominated by fortress-like settlements on prominent, elevated sites (fig. 12). These hill-top settlements, with their defensive walls and ditches, could not possibly have been constructed without a local ruling elite to coordinate and control the workforce. These focal points had many functions: they were centers of power for guarding and administering the surrounding land, checkpoints at important transport hubs, manufacturing and trading centers, central sites for cult practices, and places of shelter and protection during periods of armed conflict.

The enormous societal differences are particularly visible in the burial customs. Depending on personal and economic status, the graves of the general population might be more-or-less richly furnished, poorly furnished, or without any grave goods whatsoever. The ruling elite, on the other hand, had strikingly elaborate funerary structures and a remarkable wealth of grave furnishings. Their elevated social position was underlined, in particular, by gold objects, and luxury goods imported from distant regions, such as Baltic amber, as well as with status symbols such as swords. With the beginning of the Urnfield period in the 13th century BC, a social hierarchy became particularly evident in male graves. There was obviously a small upper class, consisting of highly equipped armed warriors, who guaranteed the protection of the population and the safety of production sites and trade links. Their rank was signified by placing a bronze sword in the grave (fig. 4). Above this class of sword-bearers was another,

12—Der Bogenberg in Bogen (Lkr. Straubing-Bogen, Niederbayern) mit der Wallfahrtskirche Mariä Himmelfahrt von Südosten. Das etwa 1,5 km lange Massiv des Bogenbergs ist dem sich nördlich anschließenden Bayerischen Wald mit seinen Wegeverbindungen nach Böhmen um etwa 4 bis 5 km vorgelagert. Sein Steilhang erhebt sich rund 115 m hoch über die unmittelbar südlich vorbeifließende Donau. Die markante Insellage des Bergs bietet einen weiten Blick über die Landschaft. Bis heute haben sich im bewaldeten Gelände des Bogenbergs mächtige Wall- und Grabenanlagen erhalten. Sie sind die Überreste einer mit wehrhaften Mauern burgartig befestigten Höhensiedlung der Bronze- und Urnenfelderzeit, die in den 1990er Jahren archäologisch erforscht wurde.

12—Bogenberg hill, Bogen (Straubing-Bogen district, Lower Bavaria) with the pilgrimage church of Mariä Himmelfahrt, viewed from the southeast. The Bogenberg, which is approximately 1.5 kilometers long, is an outlying spur of the Bavarian Forest massif, the main bulk of which lies roughly 4 to 5 kilometers further north. From there, onward routes lead to Bohemia. The hill's steep slopes tower some 115 meters above the Danube, which runs alongside them to the south. Rising abruptly from flat countryside, the Bogenberg offers panoramic views of the surrounding landscape. Mighty wall and ditch installations are still preserved on its wooded slopes. These are the remains of a hillfort dating from the Bronze Age, including the Urnfield period, which were archaeologically investigated in the 1990s.

13—Kriegervase von Mykene. Auf dem Gefäß sind bewaffnete, marschierende Krieger dargestellt, die von einer hinter ihnen stehenden Frau mit erhobener Hand verabschiedet werden. Sie vermitteln ein anschauliches Bild von der Ausrüstung griechischer Kämpfer zur Zeit des Trojanischen Kriegs, wie sie auch zum Vorbild für die Krieger der Urnenfelderkultur wurde. Mykene (Dimos Argous-Mykinon, Periferia Peloponnisou), Griechenland; Siedlungsfund; Mykenische Kultur, Argolis, 12. Jh. v.Chr; Keramik; H. 42,7 cm; Ethnikó Archaiologikó Mouseío, Athen, Inv. Π 1426.

13—The Warrior Vase from Mycenae. The vase is decorated with depictions of armed warriors on the march. A woman stands behind them with her hand raised, waving them on their way. The images give us a vivid picture of the weapons and armor of Greek warriors at the time of the Trojan War, on which the equipment of Urnfield Culture warriors was modeled. Mycenae (Dimos Argous-Mykinon, Periferia Peloponnisou), Greece; settlement find; Mycenaean Culture, Argolis, 12th century BC; pottery; height 42.7 cm; Ethnikó Archaiologikó Mouseío, Athens, Inv. Π 1426.

garantierten. Sie wurden durch die Beigabe eines bronzenen Schwerts im Grab kenntlich gemacht (Abb. 4). An der Spitze dieser Schwertträger stand wiederum ein noch kleinerer Personenkreis, dem zudem das Privileg der Beigabe eines vierrädrigen Prunkwagens zustand.

Die Eliteschicht der Schwertträger zeichnete sich durch ihre typische Bewaffnung aus. Neben dem Schwert gehörte die Lanze zu den Angriffswaffen des urnenfelderzeitlichen Kriegers. Daneben waren aber auch Schutzwaffen in Gebrauch. Diese lassen sich von Vorbildern aus dem griechischen Mittelmeerraum ableiten. Die Kämpfer der Urnenfelderkultur wiesen in ihrer äußeren Erscheinung somit große Ähnlichkeit mit den überlieferten Helden des Trojanischen Kriegs auf (Abb. 13). Zu einer vollständigen, aus Bronze gearbeiteten urnenfelderzeitlichen Schutzausrüstung gehörten ein Helm (Abb. 14), ein Brustpanzer (Abb. 15), Beinschienen (Abb. 16) sowie ein Schild (Abb. 17). Da es in der Urnenfelderkultur nicht üblich war, Bestandteile der Schutzbewaffnung als Beigaben mit in die Gräber zu legen, sind nur wenige Stücke überliefert. Meist handelt es sich um sogenannte Depotfunde (vgl. „Depotfunde“, S. 34–35). Vollständig erhaltene Schutzwaffen liegen hauptsächlich als Einzelfunde vor. Sofern Näheres zu ihrer Auffindung bekannt ist, stammen sie meist aus Gewässern, was eine kultische Deponierung, etwa als Opfer, nahelegt. Daneben sind Bestandteile der Schutzbewaffnung auch aus sogenannten Brucherzdepots bekannt, hier jedoch meist unvollständig und stark beschädigt, in Form von Fragmenten.

Mit Sicherheit dürfen auch die Träger der urnenfelderzeitlichen Goldhüte (Abb. 18) der gesellschaftlichen Spitze zugerechnet werden. Keine dieser Kopfbedeckungen, von denen vier überliefert sind, stammt jedoch aus einem Grab, weshalb kaum Rückschlüsse auf die Menschen möglich sind, die sie tragen durften. Lediglich die Exklusivität des Materials Gold und die Verzierung mit religiösen Motiven weisen auf hervorgehobene Personen hin, die priesterliche Aufgaben erfüllten und vielleicht auch als Repräsentanten höherer Mächte zu verstehen waren.

still smaller circle of people, who were accorded the additional, privileged grave gift of a four-wheeled ceremonial wagon.

The elite sword-bearing class was distinguished by its typical weaponry, which, so far as offensive weapons were concerned, included the spear as well as the sword. The Urnfield-period warrior also used defensive weapons, however, and these can be traced back to models from the Greek Mediterranean world. In external appearance, therefore, the warriors of the Urnfield Culture bore a great resemblance to the traditional heroes of the Trojan War (fig. 13). The complete set of Urnfield-period defensive armor, fashioned in bronze, consisted of a helmet (fig. 14), a cuirass (fig. 15), greaves (fig. 16), and a shield (fig. 17). However, since they were not customarily placed in graves at this period, very few defensive weapons have survived. Those that have are usually so-called “hoard finds” (see “Hoards”, pp. 34–35). Most finds of defensive weapons that have survived intact are single finds; in so far as we have any information about their discovery, the majority come from lakes and rivers, suggesting they were cultic deposits, possibly sacrifices. Items of defensive weaponry are also known from so-called “scrap-metal hoards,” but these are usually incomplete and badly damaged weapons that have been broken into fragments.

The wearers of the Urnfield-period golden hats must certainly also have belonged to the apex of society (fig. 18). None of the four known such headdresses came from graves, however, making further conclusions about those who wore them almost impossible. The only clues we have are the exclusive nature of gold and the religious motifs with which the hats were decorated, suggesting their wearers must have been high-status individuals who performed priestly duties and may have been seen as representing higher powers.

14—Bronzehelm. Bei dieser sehr einfachen Form handelt es sich um den ältesten in Zentraleuropa getragenen Helmtypus aus Metall. Er blieb wohl während der gesamten Urnenfelderzeit in Gebrauch. Die an beiden Seiten des Helms angebrachten Durchlochungen dienten zur Befestigung eines Innenfutters aus Leder oder Stoff sowie vielleicht auch zur Anbringung von Wangenklappen oder eines Kinnriemens. Der Helm wurde 1906 in der Nähe der oberfänkischen Ortschaft Thonberg beim Abbruch eines Backofens entdeckt. Wie überliefert ist, wurde er zusammen mit „anderem Gerümpel" gefunden. Dies deutet darauf hin, dass er Teil eines Depotfunds war (vgl. „Depotfunde", S. 34–35). Weißenbrunn-Thonberg (Lkr. Kronach, Oberfranken); wohl Depotfund; Urnenfelderzeit, 1300–800 v.Chr.; Bronze; H. 13,7 cm; Germanisches Nationalmuseum, Inv. Vb 1962.

14—Bronze helmet. This rudimentary helmet is the earliest type of metal helmet worn in Central Europe. Helmets like this probably remained in use throughout the whole of the Urnfield period. The holes on either side were for attaching an inner lining, made of leather or fabric, and possibly also cheekpieces or a chin strap. The helmet was discovered in 1906 during the demolition of an oven near the village of Thonberg in Upper Franconia. Contemporary records state that it was found with "other rubbish" (anderem Gerümpel), which suggests that it was part of a hoard (see "Hoards", pp. 34–35). Weissenbrunn-Thonberg (Kronach district, Upper Franconia); probably hoard find; Urnfield period, 1300–800 BC; bronze; height 13.7 cm; Germanisches Nationalmuseum, Inv. Vb 1962.

15—Brustpanzer. Der in Ungarn aus der Donau geborgene Panzer besteht aus zwei Teilen, einer Brust- und einer Rückenschale, die auf der linken Seite fest miteinander vernietet sind. Auf der rechten Seite lassen sich die Schalen öffnen. Eine auf der rechten Schulter angebrachte Öse ist Teil des Verschlussmechanismus. Die an den Rändern beider Schalen angebrachten Durchlochungen dienten der Befestigung eines ledernen oder textilen Innenfutters. Plastische Rippen deuten die Muskulatur des Trägers an. Die ersten metallenen Brustpanzer wurden in der Mitte des 2. Jahrtausends v.Chr. in der mykenischen Kultur Griechenlands entwickelt. Ihr Gebrauch verbreitete sich über das Karpatenbecken rasch nach Zentral- und Westeuropa. Nur wenige Stücke, die als Weihegaben in Gewässern versenkt wurden, haben sich vollständig erhalten. Aus der Donau bei Pilismarót (Esztergomi járás, Komárom-Esztergom vármegye), Ungarn; Einzelfund (Flussfund); frühe/ältere Urnenfelderzeit, 13./12. Jh. v.Chr.; Bronze; H. 44,7 cm; Szent István Király Museum, Székesfehérvár, Inv. 83.22.1–2.

15—Cuirass. Recovered from the River Danube in Hungary, this piece of armor comprises two sections: a breastplate and a backplate. They are rivetted together on the left-hand side and can be opened on the right. The eyelet attached to the right shoulder is part of the closing mechanism. The perforations along the edges of both plates were for attaching a leather or textile inner lining. Molded ribs suggest the musculature of the wearer. The first metal cuirasses were developed in the middle of the 2nd millennium BC in the Greek Mycenaean Culture. Their use quickly spread to Central and Western Europe via the Carpathian Basin. The few examples that have survived intact were submerged in lakes or rivers as votive offerings. From the River Danube near Pilismarót (Esztergomi járás, Komárom-Esztergom vármegye), Hungary; stray find (river find); early/older Urnfield period, 13th/12th century BC; bronze; height 44.7 cm; Szent István Király Museum, Székesfehérvár, Inv. 83.22.1–2.

16—Beinschienen. Die bronzenen Beinschienen dienten zum Schutz der Unterschenkel des Kämpfers. An außen umlaufenden Drahtschlaufen wurden die mit Leder oder Stoff hinterfütterten Schienen mittels Lederriemen fest am Bein verschnürt. Die aus einem Brucherzdepot (vgl. „Depotfunde", S. 34–35) stammenden Beinschienen aus dem ungarischen Nadap tragen aus feinen, eingepunzten Buckeln zusammengesetzte Speichenradmotive. Der Träger wollte sich wohl unter den Schutz dieses religiösen Zeichens, das die Sonne symbolisiert, stellen. Daneben sollten die Speichenräder wohl auch die Eigenschaft der Schnelligkeit zum Ausdruck bringen, die für einen erfolgreichen Kämpfer unerlässlich ist. Nadap (Gárdonyi járás, Fejér vármegye), Ungarn; Depotfund; ältere Urnenfelderzeit, 12. Jh. v.Chr.; Bronze; H. 27,5 und 28 cm; Szent István Király Múzeum, Székesfehérvár, Inv. 70.1.2.1-2.

16—Greaves. Warriors wore bronze greaves to protect their shins. Lined with leather or fabric, the greaves were laced firmly to the legs by means of leather straps passed through wire loops around the outside. Part of a scrap-metal hoard (see "Hoards", pp. 34–35) discovered at the Hungarian village of Nadap, the greaves are decorated with punched spoked-wheel motifs composed of tiny raised bosses. The wearer probably wished to place himself under the protection of these religious sun-symbols. The spoked wheels probably also symbolized speed, an indispensable attribute of any successful warrior. Nadap (Gárdonyi járás, Fejér vármegye), Hungary; hoard find; older Urnenfield period, 12th century BC; bronze; height 27.5 and 28 cm; Szent István Király Múzeum, Székesfehérvár, Inv. 70.1.2.1-2.

17—Bronzeschild. Der runde Schild ist mit stabilisierenden Rippen versehen. Die beiderseits des zentralen Schildbuckels angebrachten bronzenen Nieten dienen zur Befestigung der auf der Rückseite befindlichen Schildfessel, also des aus einem massiven Bronzeband bestehenden Griffs. An zwei weiteren, mehr im Außenbereich angebrachten Nietstiften war eine Aufhängevorrichtung befestigt.
Der Schild wurde 1857 zusammen mit einem weiteren, heute verschollenen Stück aus der Regnitz bei Bamberg ausgebaggert. Auch die meisten anderen überlieferten Schilde stammen aus Gewässern und Mooren. Neben den metallenen Exemplaren waren auch Schilde aus Holz und Leder in Gebrauch. Aus der Regnitz bei Bamberg (Oberfranken); Depotfund (Flussfund); frühe/ältere Urnenfelderzeit, 13./12. Jh. v.Chr.; Bronze; Dm. 41,5 cm; Landesmuseum Mainz, Generaldirektion Kulturelles Erbe Rheinland-Pfalz, Inv. V 2221.

17—Bronze shield. This round shield has ribs to reinforce it. The bronze rivets on either side of the central boss were for attaching the grip to the back. This would have been a massive handle made from a strip of bronze. Further from the center are another two rivet pins, to which some means of suspending the shield would have been attached. The shield was dredged up from the River Regnitz near Bamberg in 1857, along with another shield which is now lost. Most surviving shields have similarly been found in bodies of water or bogs. Shields could also be made of wood and leather. From the River Regnitz near Bamberg (Upper Franconia); hoard find (river find); early/older Urnfield period, 13th/12th century BC; bronze; diameter 41.5 cm; Landesmuseum Mainz, Generaldirektion Kulturelles Erbe Rheinland-Pfalz, Inv. V 2221.

18—Goldhut von Ezelsdorf/Buch. Derartige Zeremonialhüte wurden von religiösen Würdenträgern getragen. Dies legen Darstellungen von Gottheiten und Priestern etwa aus dem Vorderen Orient und Skandinavien nahe, die ähnliche Kopfbedeckungen zeigen. Der aus einem einzigen Stück Gold herausgetriebene Hut wurde 1953, ohne weitere Beifunde, in der Nähe der Ortschaften Ezelsdorf und Buch, an der Grenze der bayerischen Regierungsbezirke Mittelfranken und Oberpfalz, im Wald beim Roden von Wurzelstöcken entdeckt. Dabei wurde er stark beschädigt und in viele Einzelteile zerhackt. Von der Hutkrempe ist nur noch ein kleines Bruchstück vorhanden. Es sind nur drei weitere vergleichbare urnenfelderzeitliche Kegelhüte aus Gold bekannt, die in Museen in Speyer, Berlin und Saint-Germain-en-Laye nahe Paris zu sehen sind. Burgthann-Ezelsdorf und Postbauer-Heng, Ortsteil Buch (Lkr. Nürnberger Land, Mittelfranken und Lkr. Neumarkt in der Oberpfalz); Einzelfund; Urnenfelderzeit, 1300–800 v.Chr.; Gold, Bronze (eingearbeiteter Verstärkungsring am Übergang Kalotte und Krempe); H. 88,5 cm; Germanisches Nationalmuseum, Inv. Vb 8007.

18—The Golden Hat of Ezelsdorf/Buch. The theory that these were ceremonial hats worn by religious dignitaries is supported by images of deities and priests wearing similar headgear from the ancient Near East, Scandinavia, and elsewhere. This hat is made from gold sheet worked from a single piece of gold. It was discovered, with no associated finds, in Bavaria, in 1953, near the villages of Ezelsdorf and Buch on the boundary between Middle Franconia and Upper Palatinate. The discovery was made during operations to remove tree roots from an area of woodland, and serious damage was inflicted on the hat in the process. It was hacked into numerous pieces and the brim almost completely destroyed, leaving only a tiny fragment. So far, only three other conical golden hats from the Urnfield period have been discovered. They are on display in museums at Speyer, Berlin, and Saint-Germain-en-Laye near Paris. Burgthann-Ezelsdorf and Postbauer-Heng, Buch (Nürnberger Land district, Middle Franconia and Neumarkt district, Upper Palatinate); stray find; Urnfield period, 1300–800 BC; gold, bronze (reinforcement ring affixed at transition between calotte and brim); height 88.5 cm; Germanisches Nationalmuseum, Inv. Vb 8007.

Depotfunde

Als Depotfunde oder Horte werden in der Archäologie Objekte bezeichnet, bei denen es sich weder um Grab- noch um Siedlungsfunde handelt, die aber mit Absicht und gleichzeitig niedergelegt, im Boden vergraben oder in Gewässern versenkt wurden. Depots können sowohl aus nur einem einzigen Objekt als auch aus einer Ansammlung mehrerer Objekte bestehen. Das Phänomen der Horte und ihre Deutung werden in der archäologischen Wissenschaft sehr unterschiedlich eingestuft und widersprüchlich diskutiert.

Die Ursachen für die Niederlegung können vielfältig sein. So ist es möglich, dass Horte nur vorübergehend verborgen werden sollten, aber aus unterschiedlichen Gründen nicht mehr gehoben werden konnten und bis heute im Boden überdauert haben. Durch die Deponierung sollten vielleicht Wertobjekte in Kriegs- und Krisenzeiten vor fremdem Zugriff geschützt oder Rohstoffe für eine spätere Verarbeitung eingelagert werden. Zudem sind Deponierungen aus kultischen Gründen denkbar, insbesondere, wenn die Niederlegung nicht mehr rückgängig gemacht werden konnte, wie bei einer Versenkung in Gewässern und Mooren. Dabei könnte es sich um Opfer- oder Weihegaben für als Helden verehrte Verstorbene, höhere Mächte oder Götter gehandelt haben. Denkbar wäre jedoch auch eine rituelle „Entsorgung" von nicht mehr verwendeten religiösen Kultobjekten, die der Tabuisierung unterlagen und einer weiteren Verwendung entzogen werden mussten.

Aus der Urnenfelderzeit sind unzählige Depotfunde bekannt, die aus zerkleinertem Altmetall und Rohmetallbrocken bestehen. Sie werden als Brucherzdepots bezeichnet (Abb. 19). Gerade bei ihnen ist sich die Forschung uneinig, ob profane oder kultische Gründe zu deren Niederlegung geführt haben. Naheliegend wäre, dass es sich um Metallvorräte von Gießern handelte, die aus Roh- und Recyclingmaterialien zusammengesetzt waren und bei Bedarf verwendet werden konnten. So war für den Gussvorgang eine Zerkleinerung der Gegenstände notwendig, um sie im Gusstiegel einschmelzen zu können. Andererseits könnte das Zerstören und Unbrauchbarmachen, ähnlich wie bei der Verbrennung des Leichnams, aber auch aus rituellen Gründen erforderlich gewesen sein, etwa in Zusammenhang mit Opferhandlungen.

Hoards

Neither grave goods nor settlement finds, "hoards" in archaeological terminology are objects that were deliberately deposited at a particular moment in time. Either single objects or collections of objects, they were buried in the ground or submerged in a body of water. Hoards are a phenomenon whose meaning is very variously interpreted and hotly debated by archaeologists.

There are many possible reasons for such deposits. The people who concealed them may have intended to come back for them later, but for some reason or other were unable to do so, leaving them hidden in the ground until now. Valuables may have been buried for safekeeping in times of war or crisis; raw materials may have been stored underground for processing at a later date. It is also possible, however, that hoards were deposited for cultic reasons, especially if there was no possibility of ever recovering them later – if they were sunk into bogs, lakes, or rivers, for instance. In this case, they may have been intended as sacrifices or votive offerings for people who had died as heroes, or to higher powers or gods. Another possibility is that hoard objects were taboo. For example, cult objects that were no longer needed may have been disposed of ritually to ensure they were never used again.

Numerous hoards from the Urnfield period consist of a mixture of scrap metal, cut up into pieces, and crude-metal ingots. These are known as "scrap-metal hoards" (fig. 19). Whether they were deposited for secular or cultic reasons is a particularly contentious issue amongst scholars. They may well have been metal supplies for casting workshops; in other words, collections of raw and recyclable materials stockpiled for later use on demand. Scrap-metal objects would have had to be cut into pieces for melting down in crucibles. On the other hand, they could have been cut up for ritual reasons. Just as dead bodies were destroyed by cremation, objects may have had to be destroyed to withdraw them from use, perhaps in the context of sacrificial ceremonies.

19— Brucherzdepot. Der im niederbayerischen Winklsaß gefundene Hortfund umfasst neben zahlreichen Kupfergussbrocken und einem stabförmigen Barren (oben links) auch etliche, meist stark zerkleinerte Bruchstücke von Bronzeobjekten, wie Schmuck und Geräte. Besonders auffallend sind ausgesprochen elitäre Bestandteile, wie das Fragment eines Bronzekessels (ganz rechts) und die Elemente einer Kriegerausrüstung, so die Bruchstücke von Lanzenspitzen (ganz links), einer Schwertklinge (unten links), eines Brustpanzers (oben rechts) sowie drei zusammengefaltete Fragmente von Beinschienen (unten rechts). Die auf einen Waffenträger hinweisenden Bestandteile sowie die Gussbrocken und der Barren, die in Elitegräbern auf eine Rolle des Toten in der Metallwirtschaft hinweisen, könnten für eine rituelle Deutung des Hortfundes sprechen, etwa als Totenschatz für einen verstorbenen Machthaber. Jedoch ist auch eine Interpretation als Roh- und Altmetalldepot zur Weiterverarbeitung nicht auszuschließen. Neufahrn in Niederbayern-Winklsaß (Lkr. Landshut, Niederbayern); Depotfund; ältere Urnenfelderzeit, 12. Jh. v.Chr.; Kupfer, Bronze; Stabbarren: L. 21 cm; Museen der Stadt Landshut, Inv. A 442–448.

19—Scrap metal hoard. Found at the village of Winklsass in Lower Bavaria, the hoard comprised numerous copper cakes and a bar-shaped ingot (upper left), along with various, mostly very small fragments of bronze objects, including jewelry and utensils. Strikingly, some fragments belonged to very elite objects, such as a bronze cauldron (far right) and items of warriors' equipment, including spearheads (far left), a sword blade (bottom left), a cuirass (top right), and folded greaves (bottom right). Weapons and armor indicate that the deceased was from the elite sword-bearing class, while ingots, when found in graves, may point to a role in the metal economy. The hoard could therefore have had a ritual significance, possibly as a funerary hoard for a dead ruler. On the other hand, it may simply have been a hoard of raw and scrap metal, to be salvaged and worked at a later date. Neufahrn in Niederbayern-Winklsass (Landshut district, Lower Bavaria); hoard find; older Urnfield period, 12th century BC; copper, bronze; bar ingot: length 21 cm; Museen der Stadt Landshut, Inv. A 442–448.

Das Wagengrab

Der bedeutendste Grabbefund des Brandgräberfelds Essenbach-„Blumenäcker“ ist Befund 100a, das Wagengrab. Wie die übrigen Gräber des Friedhofs datiert es in die frühe Urnenfelderzeit, das 13. Jahrhundert v.Chr. Es zeichnete sich als etwa 2,80 m x 1,70 m große, dunkle Verfärbung im gelben Lössboden ab, bei einer ungefähren Orientierung von Nordosten nach Südwesten. Auf dem Boden des Grabbefunds lagen vier größere, unregelmäßig geformte Bruchsteine, welche die Eckbereiche eines etwa 2,15 m x 1,15 m großen Rechtecks markierten (Abb. 1, 20). Ihre glatte Oberfläche könnte darauf hindeuten, dass es sich um Bruchstücke von Mahl- oder Schleifsteinen handelt, die bei der Anlage des Grabs wiederverwendet wurden. Sie dienten als Unterlage für eine aus Holz errichtete Grabkammer. Auf diese weist allerdings nur noch die sich zwischen den Steinen abzeichnende dunkle, rechteckige Verfärbung hin (Abb. 1). Von den verbauten Hölzern hat sich nichts erhalten. Sie sind über die Jahrtausende im Boden vergangen. In der nordöstlichen Hälfte der Grabkammer befand sich auf einer etwa 0,6 m x 0,6 m großen Fläche die Leichenbrandschüttung, also die bei der Totenverbrennung übriggebliebenen Knochenreste. Daneben lagen die Reste von mehreren, meist aufwendig verzierten Keramikgefäßen. Die Bruchstücke der Gefäße, von denen teilweise nur wenige Scherben vor-

The Wagon Grave

The most important burial feature uncovered at the Essenbach “Blumenäcker” cremation cemetery was feature 100a, the wagon grave. Like the other graves in the cemetery, it dated from the early Urnfield period, the 13th century BC. In the buff-colored loess, it showed up as a dark discoloration, measuring roughly 2.80 by 1.70 meters and oriented roughly northeast to southwest. On the floor of the burial feature lay four large, irregularly shaped stones, marking the corners of a 2.15-by-1.15-meter rectangle (figs. 1, 20). Their smooth surfaces suggest that they might have been pieces of millstones or grinding stones, recycled when the grave was constructed. They served as a base for a wooden burial chamber. All that remained of the chamber, however, was the dark, rectangular discoloration still visible between the stones (fig. 1). Nothing survived of the timbers used in its construction; over the centuries they had decomposed in the soil. The cremated human remains – that is to say, the bone fragments left over after the body had been burned – were found in the northeastern half of the burial chamber, covering an area measuring roughly 60 by 60 centimeters. Beside them lay the remains of several pottery vessels, most of them elaborately decorated. In the case of some, all that remained were just a few sherds. The fragments lay scattered over a large area,

handen sind, lagen über eine größere Fläche verteilt. Dies deutet darauf hin, dass die Keramik schon in zerschlagenem Zustand niedergelegt worden ist. In der nach Osten weisenden Kammerecke fand sich eine Anhäufung von meist kleinteiligen Bronzegegenständen (Abb. 3). Wie Spuren von Brandeinwirkung zeigen, handelt es sich um die metallenen Überreste von Beigaben, die zusammen mit dem Toten auf dem Scheiterhaufen verbrannt wurden. Dazu gehören die Beschlagteile eines vierrädrigen Prunkwagens, Bestandteile des von den Zugtieren stammenden Pferdegeschirrs, ein Schwert sowie mehrere kleine Bronzegewichte. In der nach Norden gerichteten Kammerecke stand eine vollständige Keramiktasse, unter der sich zwei weitere Metallbeigaben befanden, ein bronzenes Rasiermesser und ein goldener Fingerring (Abb. 20). Die Stücke weisen keine Brandspuren auf und lagen somit nicht auf dem Scheiterhaufen. An der südlichen Ecke fand sich ein großes, vollständig beigegebenes Keramikgefäß, dicht neben einer Konzentration von Brandschutt. Es dürfte beim Verfallsprozess der Grabkammer umgekippt sein, da seine Mündung zur Seite gerichtet war. Vielleicht waren noch weitere Grabbeigaben aus organischen Materialien im Grab, die jedoch, wie die hölzerne Grabkammer, im Boden vergangen sind. Denkbar wären beispielsweise Textilien sowie Gegenstände aus Leder und Holz oder auch Speise- und Trankbeigaben. Wahrscheinlich war über dem Grab auch ein weithin sichtbarer Hügel errichtet. Aber auch dieser hat die Jahrtausende nicht überdauert und wurde während der späteren landwirtschaftlichen Nutzung des fruchtbaren Lössbodenareals durch kontinuierliche Beackerung eingeebnet.

indicating that the pottery had already been smashed before it was deposited. In the eastern corner of the chamber was a heap of bronze objects, most of them quite small (fig. 3). Traces of burning showed that these were the metal remains of grave goods that had been burned on the funeral pyre, along with the body. Among them were fittings from a four-wheeled ceremonial wagon, components of the harness of the horses that had pulled it, a sword, and several small bronze weights. In the northern corner of the chamber stood a complete pottery cup, beneath which two further metal grave goods were found: a bronze razor and a gold finger ring (fig. 20). These items showed no signs of burning and had therefore not been placed on the funeral pyre. In the southern corner, immediately next to a concentration of debris from the funeral pyre, was a large pottery vessel that had been complete when deposited. Its mouth was facing sideways, so it must have toppled over when the burial chamber collapsed. There may have been other grave goods, made of organic materials, which would have decayed in the soil like the wooden burial chamber itself. It is possible, for example, that there were textiles and objects made of leather and wood, and even offerings of food and drink. A mound was probably erected above the grave that would have been visible from a distance. This has not survived either; over the millennia, it would have been levelled by continual cultivation of the area's fertile loess soil.

ESSENBACH
BLUMENACKER 2011
M-2011-529-2.0
Bef. 100a
Pl. 3
v.W

20—Das Wagengrab (Befund 100a) von Essenbach-„Blumenäcker“ (Lkr. Landshut, Niederbayern) während der Ausgrabung 2011, von Westen aus betrachtet. Die in Abb. 1 noch aufliegenden Bronze- und Keramikfunde sowie der Leichenbrand sind bereits abgetragen. Das Bodenniveau wurde soweit abgetieft, dass nun alle vier in den Ecken liegenden Bruchsteine zu sehen sind. Zu erkennen sind auch das bronzene Rasiermesser sowie der rechts danebenliegende goldene Fingerring (links oben), die nach Entnahme der am nördlichen Eckstein abgestellten Keramiktasse zum Vorschein kamen.

20—The wagon grave (Feature 100a) from the “Blumenäcker” site at Essenbach (Landshut district, Lower Bavaria) during excavation in 2011, viewed from the west. The bronze and pottery finds still visible in fig. 1 have now been recovered, along with the cremated human remains. The soil has been removed to a level at which the stones in all four corners are visible. The bronze razor and gold finger-ring to the right of it (top left) can just be made out. They were revealed when the pottery vessel that had been placed next to the stone in the north corner was removed.

Der Wagen

High-Tech – Vom Scheibenradwagen zum zweirädrigen Speichenradwagen

Das Grundprinzip des Wagens, also die Kombination einer Transportfläche mit einer oder mehreren Achsen und Rädern, sowie die Verbindung mit tierischer Zugkraft zu einem Fuhrwerk, sind keine Erfindung der Urnenfelderkultur. Scheibenrad und Wagen waren spätestens seit der Mitte des 4. Jahrtausends v.Chr. in einem Verbreitungsraum von den schriftlosen jungsteinzeitlichen Gesellschaften Zentraleuropas bis zu den schriftführenden Kulturen des Vorderen Orients bekannt. Dies beweisen sowohl bildliche Darstellungen und kleinformatige Modelle von Rad und Wagen als auch Funde von Bestandteilen realer Wagen, wie Räder und Achsen, sowie erhaltene Fahrspuren.

Die Entstehung, Entwicklung und Verbreitung der Wagenidee wirft immer noch Fragen auf. Doch deutet einiges auf den eurasischen Steppenraum als Ursprungsgebiet hin. Erste Hinweise für die Nutzung von Rad und Wagen, die noch in die Zeit vor 3500 v.Chr. datiert werden können, liegen aus der Spätphase der kupferzeitlichen Cucuteni-Tripolje-Kultur (4800–2750 v.Chr.) vor, die im Steppengebiet der westlichen Ukraine und Moldawiens sowie in Rumänien beheimatet war. Die ältesten Belege sind Miniaturräder aus Keramik und tierförmige Keramikgefäße, an deren durchbohrten

The Wagon

High-Tech – From Solid-Wheeled Wagons to Chariots with Two Spoked Wheels

The basic concept of the wagon – in other words, the idea of attaching one or more axles with wheels to a flat surface for carrying loads and combining this with animal traction to create a vehicle – was not an invention of the Urnfield Culture. Solid wheels and wagons had been in use since the mid-4th millennium BC, across an area that stretched all the way from the non-literate Neolithic cultures of Central Europe to the civilizations with written cultures of the ancient Near East. We know this from visual records and small-scale models of wheels, chariots and wagons, as well as from finds of components from actual wagons, such as wheels and axles, and preserved vehicle tracks.

Questions nevertheless remain about the exact origin, development, and subsequent spread of the wagon and the idea of transporting things on wheels. Evidence suggests, however, that the Eurasian Steppe was where the invention originated. The first signs of the use of wheels and wagons, even before 3500 BC, are from the late phase of the Chalcolithic Cucuteni–Trypillia Culture (4800–2750 BC), which flourished in the steppes of western Ukraine and Moldova and in Romania. The earliest evidence, discovered at archaeological

21—Gefäß mit Darstellungen von vierrädrigen Wagen. Die Bilddarstellung aus dem polnischen Bronocice wiederholt unter anderem das Motiv eines in aufgeklappter Ansicht eingeritzten Wagens mit vier Scheibenrädern samt Deichsel und Joch. Das Bild aus der späten Jungsteinzeit gilt als älteste bekannte Bilddarstellung eines Wagens. Bronocice (Powiat pińczowski, Województwo świętokrzyskie), Polen; Siedlungsfund; Trichterbecherkultur, 2. Hälfte 4. Jt. v.Chr.; Keramik; H. 10,3 cm; Ośrodek Archeologii Gór i Wyżyn Instytutu Archeologii i Etnologii Polskiej Akademii Nauk w Krakowie, Inv. PAN-2.

21—Vessel with depictions of four-wheeled wagons. Discovered in the Polish village of Bronocice, the pot's decoration includes repeated incised motifs of a wagon with four disc wheels, a shaft, and a yoke, seen in a flattened, bird's-eye perspective. Dating from the late Neolithic, these are believed to be the earliest known two-dimensional representations of a wagon. Bronocice (Powiat pińczowski, Województwo świętokrzyskie), Poland; settlement find; Funnel Beaker Culture, 2nd half 4th millennium BC; pottery; height 10.3 cm; Ośrodek Archeologii Gór i Wyżyn Instytutu Archeologii i Etnologii Polskiej Akademii Nauk w Krakowie, Inv. PAN-2.

Beinen Achsen mit Rädern befestigt werden konnten, die von ukrainischen Fundorten stammen. Die ältesten Gräber, denen Bestandteile realer Wagen beigegeben wurden, stammen aus der Zeit um 3400 v.Chr. Sie gehören der jüngeren Maikop-Kultur (3800–3000 v.Chr.) an, die in Südrussland und im nordwestlichen Kaukasusgebiet verbreitet war.

Die ältesten Belege für die Nutzung von Rad und Wagen in Mitteleuropa sind eine bildliche Darstellung aus dem südöstlichen Polen (Abb. 21) sowie Wagenmodelle aus Keramik aus dem mittleren Donauraum (Abb. 22). Daneben lassen sich hölzerne Scheibenradfunde aus Feuchtbodenfundstellen rund um die Alpen anführen (Abb. 23). Wie die Funde zeigen, handelte es sich bei den frühesten Rädern um hölzerne Scheibenräder. Die damit ausgestatteten zwei- oder vierrädrigen Wagen wurden von Rindern gezogen.

Grundlegende Veränderungen im Wagenbau vollzogen sich am Ende des 3. Jahrtausends v.Chr. auf dem Gebiet der bronzezeitlichen Sintaschta-Kultur (2200–1900 v.Chr.). Ihr Verbreitungsgebiet lag im heutigen Russland, östlich des südlichen Uralgebirges, im Bereich des eurasischen Steppengürtels. Hier wurde der nun von Pferden gezogene, leichte zwei-

sites in Ukraine, consists of miniature wheels, made of pottery, and pottery vessels in the shape of animals with holes bored through their legs, to which axles with wheels could be attached. The oldest graves furnished with components of actual wagons date from the period around 3400 BC and belong to the late Maykop Culture (3800–3000 BC), which flourished in southern Russia and the northwestern Caucasus.

The earliest evidence for the use of the wheel and the wagon in Central Europe are a pictorial representation from southeastern Poland (fig. 21) and pottery models of wagons from the middle Danube region (fig. 22). There have also been finds of solid wooden wheels from bog sites around the Alps (fig. 23). As the finds show, the earliest wheels were solid wooden discs. The two- or four-wheeled wagons to which they were fitted would have been pulled by oxen.

Fundamental changes in wagon-building took place at the end of the 3rd millennium BC in the region of the Bronze-Age Sintashta Culture (2200–1900 BC). Its area of distribution lay in the Eurasian Steppe, east of the southern Urals in present-day Russia. Here a light chariot was developed, with two spoked

22—Modell eines vierrädrigen Wagens. Wie der vorhandene Henkelansatz zeigt, handelt es sich bei dem aus Keramik gefertigten Wagenmodell aus dem ungarischen Budakalász um ein Gefäß. Da es aus einem Grabfund stammt, dürfte es im Zuge der Bestattungsfeierlichkeiten verwendet worden sein. Derartige Gefäße waren in der spätkupferzeitlichen Badener Kultur, die im mittleren Donauraum verbreitet war, in Gebrauch. Sie gehören zu den frühesten Belegen für die Nutzung des Scheibenradwagens. Budakalász-Luppa csárda (Szentendrei járás, Pest vármegye), Ungarn; Grabfund (Kenotaph); klassische Badener Kultur, spätes 4./frühes 3. Jt. v.Chr.; Keramik, Spuren roter Bemalung; H. 8,1 cm; Ferenczy Múzeumi Centrum, Szentendre, Inv. 61.2.35.5.

22—Model of a four-wheeled wagon. As can be seen from the stump of a handle, this pottery wagon model, from Budakalász in Hungary, is in fact a vessel. Since it was found in a grave, it may have been used during the burial rites. Vessels of this type were used in the late Chalcolithic Baden Culture, whose area of distribution was the middle Danube region. They are among the earliest evidence for the use of disc-wheeled wagons. Budakalász-Luppa csárda (Szentendrei járás, Pest vármegye), Hungary; burial find (cenotaph); classic phase of the Baden Culture, late 4th/early 3rd millennium BC; pottery, traces of red paint; height 8.1 cm; Ferenczy Múzeumi Centrum, Szentendre, Inv. 61.2.35.5.

23—Scheibenrad mit Achse. Der im slowenischen Stare gmajne geborgene Fund gilt als ältestes erhaltenes Holzrad der Welt. Das aus zwei Teilen zusammengesetzte Rad wird von vier Einschubleisten zusammengehalten, seine Oberfläche wurde für eine bessere Haltbarkeit mit Feuer gehärtet. Die rotierende Achse weist an den Enden breit ausgeformte Stoßringe als Abstandhalter und verdickte Lager für das Fahrgestell auf. Die Stücke stammen aus einer kupferzeitlichen Pfahlbausiedlung. Kennzeichnend für diesen Siedlungstyp sind auf Pfählen stehende Häuser, die in oder an Gewässern und Sümpfen errichtet wurden. Stare gmajne, Ljubljansko barje (Občina Ig), Slowenien; Siedlungsfund; Stare gmajne-Kultur, 2. Hälfte 4. Jt. v. Chr.; Holz: Esche (Radscheibe), Eiche (Einschubleisten, Achse); Rad: Dm. 72 cm, Achse: L. 124 cm; Muzej in galerije mesta Ljubljane.

23—Disc wheel and axle. Excavated at Stare gmajne in Slovenia, this is thought to be the oldest surviving wooden wheel in the world. It was made in two sections, held together by inlaid wooden strips, and its surface was fire-hardened to make it more resilient. The carved ends of the rotating axle broaden out to form impact rings that would have acted as both spacers and thicker supports for the chassis. The finds come from a Chalcolithic pile-dwelling settlement. In settlements of this type, built either in or beside water or swampy terrain, the houses were raised on stilts. Stare gmajne, Ljubljansko barje (Občina Ig), Slovenia; settlement find; Stare gmajne Culture, 2nd half 4th millennium BC; wood: ash (wheel disc), oak (inlaid strips, axle); wheel: diameter 72 cm, axle: length 124 cm; Muzej in galerije mesta Ljubljane.

rädrige Wagen mit Speichenrädern entwickelt, der einen wesentlichen technischen Fortschritt gegenüber den behäbigeren Rinderfuhrwerken bedeutete. Diesen Innovationsschub belegen Gräber der Sintaschta-Kultur, in denen sich zweirädrige Speichenradwagen, charakteristische Pferdetrensen mit scheibenförmigen Trensenknebeln, die es ermöglichten, das Gespann vom Wagen aus zu lenken, sowie mitunter auch die Überreste von Pferden fanden.

Ein wichtiger Faktor bei der Entwicklung und Verbreitung des von Pferden gezogenen Speichenradwagens waren die Domestizierung des Pferds und seine gezielte Züchtung in der zweiten Hälfte des 3. Jahrtausends v.Chr. Der Ursprung des domestizierten Hauspferds, auf das alle modernen Pferderassen zurückgehen, liegt im heutigen Russland, im westlichen Teil des eurasischen Steppengürtels, dem unteren Don- und Wolga-Raum. Rasch breitete es sich über sein Kerngebiet hinaus aus. Bis 2000 v.Chr. waren Anatolien, das östliche Mitteleuropa und Zentralasien erreicht, nur wenig später Westeuropa und die Mongolei. Die Domestizierung des Pferds war wesentliche Voraussetzung für seine Nutzung als Reit- und Zugtier.

Auch die Idee des von Pferden gezogenen leichten, zweirädrigen Speichenradwagens verbreitete sich schnell über sein Entstehungsgebiet hinaus. So fanden die neuen technischen Impulse in der ersten Hälfte des 2. Jahrtausends v.Chr. Eingang in die Wagenbautradition der Kulturen des vorderorientalischen Raums. In westlicher Richtung erreichten sie über das Karpatenbecken schließlich auch Zentraleuropa und Südskandinavien. Dies zeigen Funde von Trensenknebeln (Abb. 24) und Speichenradmodellen (Abb. 25), bildliche Darstellungen von Speichenrädern und Wagen (Abb. 26) sowie die symbolhafte Verwendung des Speichenradmotivs, etwa in Form von Schmuckstücken (Abb. 27).

Mit der leichteren und wendigeren Bauweise des zweirädrigen Speichenradwagens trat die praktische Funktion zum Transport von Lasten in den Hintergrund, während Aspekte wie Schnelligkeit und Repräsentation an Bedeutung gewannen. Die Nutzung dieser exklusiven Fahrzeuge war einer kleinen gesellschaftlichen

wheels, drawn by horses – a considerable technical advance on the more ponderous, ox-drawn wagon. Evidence of this innovative leap is found in Sintashta-Culture graves, where two-wheeled chariots with spoked wheels have been excavated, along with horse bridles featuring characteristic disc-shaped cheekpieces that allowed a team of horses to be steered from the chariot. Some such chariot finds have even been unearthed along with the remains of horses.

An important factor in the development and spread of horse-drawn chariots with spoked wheels was the domestication and targeted breeding of horses in the second half of the 3rd millennium BC. The first domesticated horses, ancestors of all modern horse breeds, originated in present-day Russia, in the western part of the Eurasian Steppe, between the lower Don and lower Volga Rivers. Spreading rapidly beyond this heartland, by 2000 BC they had reached Anatolia, eastern Central Europe, and Central Asia, and, a little later, Western Europe and Mongolia. Domestication was the essential precondition for the use of horses as saddle- and draught animals.

The idea of using a light, horse-drawn chariot with a pair of spoked wheels also spread rapidly from its area of origin. The new technical advances were integrated into the wagon-building traditions of the Near Eastern civilizations in the first half of the 2nd millennium BC. Moving west via the Carpathian Basin, they eventually also reached Central Europe and southern Scandinavia. This is demonstrated by finds of cheekpieces (fig. 24) and models of spoked wheels (fig. 25), pictorial representations of spoked wheels and chariots (fig. 26), and the symbolic use of spoked-wheel motifs, for example in the form of jewelry (fig. 27).

With their lighter, more maneuverable build, chariots equipped with just two spoked wheels were less suited to carrying heavy loads. Far more important than any load-bearing potential, however, were their speed and prestige value. The use of these exclusive vehicles was reserved for a small social elite, connected to the far-reaching contact networks

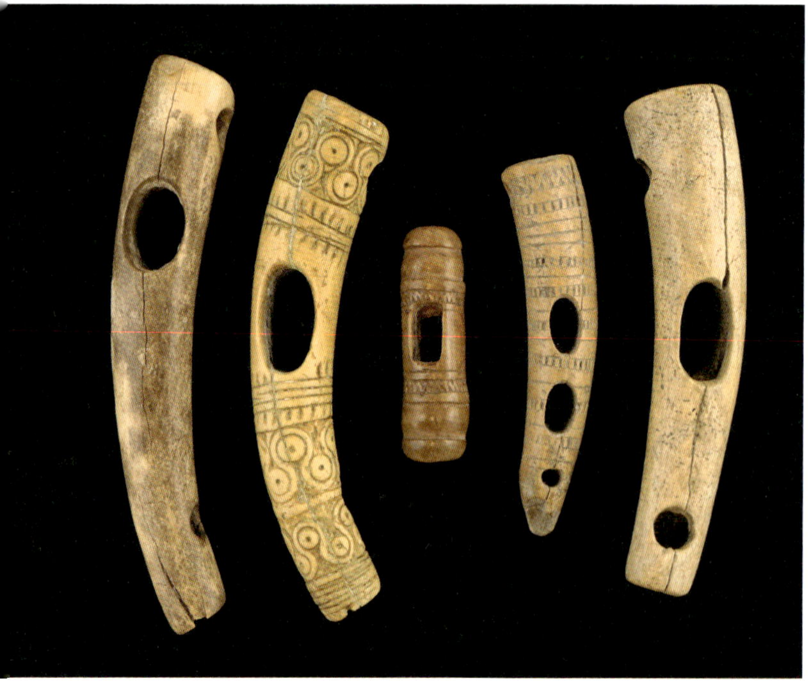

24—Trensenknebel. Die aus Geweih gefertigten Knebel aus der frühbronzezeitlichen Höhensiedlung Zámeček im slowakischen Nitriansky Hrádok sind Bestandteile des Pferdezaumzeugs. Die Durchbohrungen dienten zur Befestigung der aus Leder oder textilen Schnüren gefertigten Gebiss- und Kopfriemen sowie der Zügel. Die Form der länglichen Stangenknebel wurde im Karpatenbecken entwickelt, von wo aus sie sich rasch weiterverbreitete. Šurany-Nitriansky Hrádok, Zámeček (Okres Nové Zámky, Nitriansky kraj), Slowakei; Siedlungsfunde; Frühbronzezeit, Mad'arovce Kultur, 1. Hälfte 2. Jt. v.Chr.; Geweih; L. 5–11,5 cm; Archeologický ústav Slovenská akadémia vied v Nitre, Inv. 018108_DP_00458, 007579_DP_00085.

24—Cheekpieces. Made from antlers, these cheekpieces are components of horse harnesses. They were found in the early Bronze Age hilltop settlement of Zámeček at Nitriansky Hrádok in Slovakia. The harness bit straps, head straps, and reins, made of leather or textile rope, would have been threaded through the perforations. This type of elongated cheekpiece was developed in the Carpathian Basin, from where it quickly spread. Šurany-Nitriansky Hrádok, Zámeček (Okres Nové Zámky, Nitriansky kraj), Slovakia; settlement finds; early Bronze Age, Mad'arovce Culture, 1st half 2nd millennium BC; antler; length 5–11.5 cm; Archeologický ústav Slovenská akadémia vied v Nitre, Inv. 018108_DP_00458, 007579_DP_00085.

25—Modelle von Speichenrädern aus der frühbronzezeitlichen Höhensiedlung Zámeček im slowakischen Nitriansky Hrádok. Die von Wagenmodellen aus Keramik stammenden Miniaturräder gehören zu den frühesten Belegen für den Gebrauch von Speichenrädern in Mittel- und Nordeuropa. Šurany-Nitriansky Hrádok, Zámeček (Okres Nové Zámky, Nitriansky kraj), Slowakei; Siedlungsfunde; Frühbronzezeit, Mad'arovce Kultur, 1. Hälfte 2. Jt. v.Chr.; Keramik; Dm. 6–11cm; Archeologický ústav Slovenská akadémia vied v Nitre, Inv. 018392_DP_00022c, 029153_DP_00213g und 06797_DP_034.

25—Models of spoked wheels from the early Bronze Age hilltop settlement of Zámeček at Nitriansky Hrádok in Slovakia. These miniature wheels, which come from pottery models of wagons, are amongst the earliest evidence for the use of spoked wheels in Central and Northern Europe. Šurany-Nitriansky Hrádok, Zámeček (Okres Nové Zámky, Nitriansky kraj), Slovakia; settlement finds; early Bronze Age, Mad'arovce Culture, 1st half 2nd millennium BC; pottery; diameter 6–11cm; Archeologický ústav Slovenská akadémia vied v Nitre, Inv. 018392_DP_00022c, 029153_DP_00213g and 06797_DP_034.

26—Gefäß mit Darstellungen von Speichenradwagen. Die eingeritzte und mit Farbmasse ausgefüllte Verzierung zeigt eine um den Hals des Gefäßes umlaufende Abfolge von insgesamt vier Wagendarstellungen. Zu erkennen sind der von zwei Pferden gezogene zweirädrige Speichenradwagen sowie eine nur sehr schematisch hinter dem Wagenkasten angedeutete menschliche Figur, bei der es sich um den Wagenlenker handeln dürfte. Die Darstellung aus dem slowakischen Vel'ké Raškovce ist der älteste Beleg für die Verwendung des leichten zweirädrigen Speichenradwagens im Karpatenbecken. Vel'ké Raškovce (Okres Michalovce, Košický kraj), Slowakei; Grabfund; mittlere Bronzezeit, Suciu de Sus-Kultur, 14. Jh. v.Chr.; Keramik; H. 26,5 cm; Zemplínske múzeum v Michalovciach, Inv. ZM 1970/00039.

26—Pot with depictions of spoke-wheeled chariots. The decorations, incised into the clay with colored paste inlays, include a series of images of wagons, four in total, running round the neck of the pot. Each shows a chariot with two spoked wheels, pulled by a pair of horses, with a very schematic representation of a human figure behind it, presumably the charioteer. These depictions, from Vel'ké Raškovce in Slovakia, are the oldest evidence for the use of a light chariot with two spoked wheels in the Carpathian Basin. Vel'ké Raškovce (Okres Michalovce, Košický kraj), Slovakia; grave find; middle Bronze Age, Suciu de Sus Culture, 14th century BC; pottery; height 26.5 cm; Zemplínske múzeum v Michalovciach, Inv. ZM 1970/00039.

27—Radanhänger mit Speichenradmotiv. Die Schmuckstücke stellen indirekte Belege für die Kenntnis und Verwendung des Speichenrads dar. Daneben zeigen sie, wie das Speichenradmotiv auch symbolhaft als religiöses Zeichen für die Sonne verwendet wurde. Schmückte man sich mit den Anhängern, so stellte man sich gleichzeitig unter den Schutz der damit verbundenen göttlichen Macht. Waizenhofen (Lkr. Roth, Mittelfranken); Grabfund; Hügelgräberbronzezeit, 16.–14. Jh. v.Chr.; Bronze; Dm. je 4,2 cm; Germanisches Nationalmuseum, Inv. Vb 2105, Vb 2106.

27—Pendants with a spoked-wheel motif. These items of jewelry provide indirect evidence for the knowledge and use of the spoked wheel. They further show how the motif was also used as a religious symbol to represent the sun. By wearing pendants like these, people placed themselves under the protection of the divine power with whom the sun was associated. Waizenhofen (Roth district, Middle Franconia); grave find; Bronze Age Tumulus Culture, 16th–14th century BC; bronze; diameter of each pendant 4.2 cm; Germanisches Nationalmuseum, Inv. Vb 2105, Vb 2106.

Elite vorbehalten. So bedurfte es der Einbindung in ein weiträumiges Kontaktnetzwerk, das den Zugang zu solch bahnbrechenden Innovationen und ihre weitere Verbreitung ermöglichte. Außerdem mussten die notwendigen wirtschaftlichen Voraussetzungen gegeben sein, um etwa für den Unterhalt und das Training der Pferdegespanne sorgen und spezialisierte Handwerker beschäftigen zu können, die in der Lage waren, entsprechende Wagen zu bauen und instand zu halten. Der von Pferden gezogene Speichenradwagen wurde zum Statussymbol, mit dem die herrschende Führungsschicht der Bronzezeit ihre Vorrangstellung zur Schau stellen konnte.

Hinweise auf die Nutzung der Wagen liegen insbesondere aus den schriftführenden Kulturen des Vorderen Orients, Ägyptens und des östlichen Mittelmeerraums vor. Hier treten zu den überlieferten Funden und bildlichen Darstellungen auch Textquellen als wichtige Informationsgrundlage hinzu. Neben einer prestigeträchtigen Verwendung im Kampf, wie sie etwa für die zwischen den Hethitern und Ägyptern 1274 v.Chr. ausgetragene Schlacht von Kadesch im heutigen Syrien überliefert ist, kam der Wagen auch bei der Jagd, beim Sport sowie zu Repräsentationszwecken (Abb. 28) und im Rahmen religiöser Zeremonien zum Einsatz. Nichts spricht dagegen, ein ähnliches Nutzungsspektrum auch für den schriftlosen europäischen Raum anzunehmen, auch wenn die Überlieferung hier deutlich spärlicher ausfällt. So weisen mit religiösen Symbolen kombinierte Wagenmodelle aus dem mittleren Donauraum (Abb. 29) oder Steinbilder aus Skandinavien (Abb. 30) auch hier auf eine Bedeutung des Speichenradwagens als Prestigeobjekt und Sakralgerät hin.

which made access to such ground-breaking innovations possible and facilitated their spread. Besides, only the wealthiest in society had the economic resources needed to feed and train teams of horses and employ specialist artisans who had the skills to build and maintain such vehicles. The horse-drawn, spoke-wheeled chariot thus became a status symbol, a means by which the ruling elite of the Bronze Age could display their preeminent status.

The literate cultures of the ancient Near East, Egypt, and the eastern Mediterranean are particularly good sources of information about the use of chariots. Here, surviving finds and pictorial representations are supplemented by written sources. As well as their use as prestigious battle-chariots, as described, for example, in accounts of the Battle of Kadesh, fought between the Hittites and the Egyptians in 1274 BC in what is now Syria, they were also used for hunting, sport, ceremonial occasions (fig. 28), and in the context of religious ceremonies. Although there is considerably less evidence available from non-literate Europe, there is no reason to suppose a dissimilar spectrum of uses. Models of chariots with religious symbols from the middle Danube region (fig. 29) and rock paintings from Scandinavia (fig. 30) indicate that as a prestige and cult object, here, too, the spoke-wheeled chariot served a symbolic and not just functional purpose.

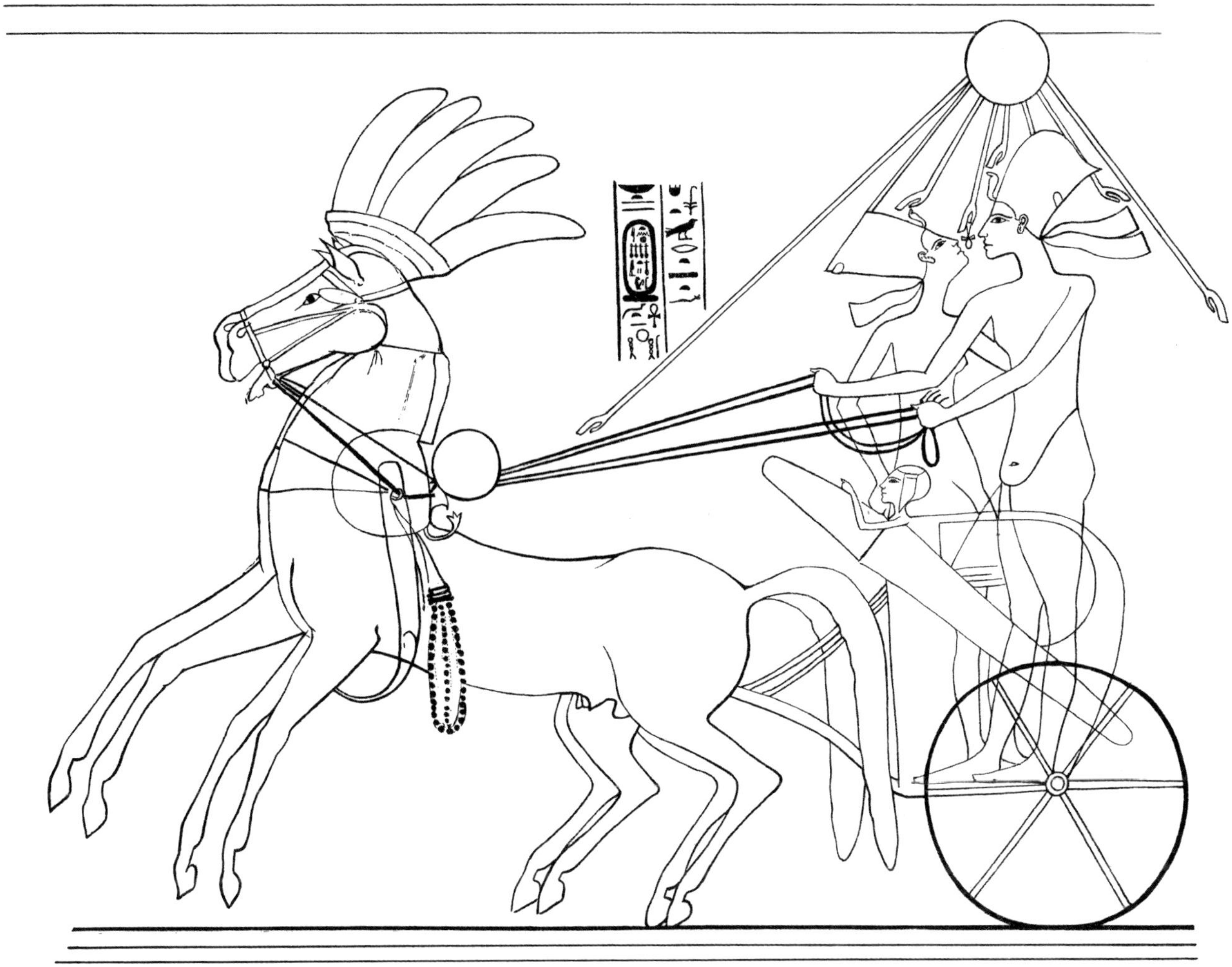

28—Umzeichnung einer ägyptischen Streitwagendarstellung aus einem Felsengrab in Amarna in Ägypten. Die Darstellung zeigt Pharao Echnaton und seine Gemahlin Nofretete mit einer ihrer Töchter bei einer Spazierfahrt auf einem zweirädrigen Speichenradwagen. Originales Felsbild: Tell el-Amarna (Muhāfazat al-Minya), Ägypten; Grab des königlichen Beamten Ahmose; Neues Reich, 18. Dynastie, 3. Viertel 14. Jh. v.Chr.

28—Drawing after an Egyptian depiction of a chariot from a rock-cut tomb in Amarna, Egypt. The scene shows the Pharaoh Akhenaten and his wife Nefertiti taking a drive with one of their daughters in a chariot with two spoked wheels. Original rock picture: Tell el-Amarna (Muhāfazat al-Minya), Egypt; tomb of the royal servant Ahmes; New Kingdom, 18th Dynasty, 3rd quarter 14th century BC.

29—Kultwagen von Dupljaja. Das in seiner Motivkombination einzigartige Objekt aus Serbien verbindet das Wagenmodell mit den Darstellungen von Wasservögeln, die die Position der Zugtiere einnehmen, und einer Figur in Menschengestalt. Die Motive belegen sehr deutlich die religiöse Bedeutung des Wagens. So entwickelte sich das Wasservogelmotiv zu einem zentralen Symbol für die religiöse Welt der Urnenfelderkultur. Die auf dem Wagenkasten stehende menschliche Gestalt lässt sich von Kultfiguren aus der mykenischen Kultur Griechenlands ableiten. Sie darf wohl als Abbild einer Gottheit verstanden werden. Da die Basis des Wagenkastens, auf der die bewegliche Figur steht, mit einem Speichenradmotiv verziert ist, liegt eine Deutung als Sonnengottheit nahe. Die Skulptur wird häufig mit dem griechischen Sonnengott Apollon in Verbindung gebracht, der im Mythos in einem Schwanenwagen in das Land der Hyperboreer reist. Dupljaja (Opština Bela Crkva, Južnobanatski okrug), Serbien; Fundumstände unbekannt; mittlere/späte Bronzezeit, Dubovac-Žuto Brdo-Gârla Mare-Kultur, 14./13. Jh. v.Chr.; Keramik; L. 25,6 cm; Narodni muzej Beograd, Inv. 4533/V.

29—Dupljaja cult chariot. This object from Serbia combines a chariot model, waterfowl figurines taking the place of draught animals, and a human figurine. The unique association of motifs is very clear evidence of the religious significance of the chariot. The waterfowl motif also became a crucial symbol of the religious world of the Urnfield Culture. The moveable human figure on the chariot is derived from cult figurines from the Mycenaean Culture in Greece. It was probably understood to be the image of a deity. Given that the base of the chariot chassis on which it stands is decorated with a spoked-wheel motif, it is probably a sun deity. Many scholars have linked it with the Greek sun god, Apollo, who made a mythical journey to the Land of the Hyperboreans in a chariot drawn by swans. Dupljaja (Opština Bela Crkva, Južnobanatski okrug), Serbia; circumstances of discovery unknown; middle/late Bronze Age, Dubovac-Žuto Brdo-Gârla Mare Culture, 14th/13th century BC; pottery; length 25.6 cm; Narodni muzej Beograd, Inv. 4533/V.

30—Grabkammer (Detail) des monumentalen Hügelgrabs Bredarör bei Kivik (Simrishamns kommun, Skåne län), Schweden. Die aus zehn Steinplatten errichtete, 3,75 m lange Grabkammer bildet das Zentrum eines monumentalen Grabhügels von etwa 75 m Durchmesser aus dem 14. Jahrhundert v.Chr. Die Steinplatten tragen bildliche Darstellungen. Zu erkennen sind etwa ein von zwei Pferden gezogener zweirädriger Speichenradwagen, dessen Fahrer mit einem Schwert ausgerüstet ist (rechte Platte, rechts oben) und zwei Musiker, die auf gebogenen Blasinstrumenten, sogenannten Luren, spielen (linke Platte, rechts oben). Sowohl die Motive als auch der Zusammenhang mit der Grabanlage legen die Darstellung religiöser Zeremonien im Rahmen von Bestattungsfeierlichkeiten nahe.

30—Burial chamber (detail) from the monumental tumulus at Bredarör near Kivik (Simrishamns kommun, Skåne län), Sweden. Constructed from ten stone slabs and measuring 3.75 m in length, the burial chamber forms the center of a huge grave mound, roughly 75 m in diameter, dating from the 14th century BC. The slabs are decorated with human figures, including the driver of a two-wheeled chariot with spoked wheels, who is armed with a sword (right-hand slab, top right), and two musicians playing wind instruments known as lurs (left-hand slab, top right). Both the subject matter of the images and their association with the funerary complex suggest that these are illustrations of religious ceremonies performed during the burial rites.

Mit zwei Pferdestärken und vier Speichenrädern – Der Prunkwagen der Urnenfelderkultur

Eine Neuentwicklung der zentraleuropäischen Urnenfelderkultur sind mit Speichenrädern und aufwendigen Metallbeschlägen ausgestattete vierrädrige Prunkwagen. Sie kamen mit Beginn der Urnenfelderzeit, im 13. Jahrhundert v.Chr., in Gebrauch. Ihre metallenen Überreste finden sich als exklusive, statusdefinierende Beigaben nur in Gräbern der ranghöchsten gesellschaftlichen Elite sowie in Depotfunden, die einen engen Bezug zu Gräbern aufweisen und dementsprechend als Grabdepots (vgl. „Wagengrab und Grabdepot", S. 60–61) bezeichnet werden. Typische Funde aus den Wagengräbern und Grabdepots sind bestimmte Formtypen von bronzenen Wagenbeschlägen und charakteristische Bronzebestandteile des Pferdegeschirrs. Die Fundstücke weisen mehr oder weniger deutliche Spuren von Brandeinwirkung auf, wie sie für eine Verbrennung auf dem Scheiterhaufen typisch sind.

Eines dieser Wagengräber wurde 1953 im oberbayerischen Hart a.d. Alz geborgen. Aufgrund seines aufwendigen Grabbaus und seiner außergewöhnlich luxuriösen Grabausstattung erlangte es rasch eine besondere Bedeutung für die archäologische Forschung. So enthielt es nicht nur die typischen Wagen- und Schirrungsbestandteile, sondern unter anderem auch ein umfangreiches Keramikservice und ein exklusives dreiteiliges Trinkgeschirrset aus Bronze (Abb. 31). Der Fundort des Grabs wurde schließlich namensgebend für die sogenannte Hart-an-der-Alz-Fundgruppe, in der alle vergleichbaren Befunde mit Wagenbeigabe, sowohl die Wagengräber als auch die Grabdepots, zusammengefasst werden. Ihr Verbreitungsgebiet erstreckt sich von der Westschweiz über Baden-Württemberg und Bayern bis nach Oberösterreich. Bis heute sind rund 20 Befunde bekannt geworden, die der Hart-an-der-Alz-Gruppe angehören. Davon lassen sich nur sechs sicher als Gräber identifizieren, darunter der Essenbacher Befund. Bei den übrigen handelt es sich entweder um Grabdepots, oder sie sind nicht eindeutig zuzuordnen.

With Two Horsepower and Four Spoked Wheels – The Urnfield Culture's Ceremonial Wagon

Four-wheeled ceremonial wagons with spoked wheels and elaborate metal fittings and adornments were a new development, associated with the Central European Urnfield Culture. They were first used at the start of the Urnfield period, in the 13th century BC. As grave goods denoting exclusive status, their metal remains are only found in the graves of the highest-ranking social elite and in deposits closely associated with graves and therefore known as funerary deposits (see "Wagon Graves and Funerary Deposits", pp. 60–61). Typical finds from wagon graves and funerary deposits are specific types of cast-bronze wagon parts and characteristic bronze components of horse harnesses. They bear faint or obvious traces of the effects of fire, a typical sign of cremation on a funeral pyre.

One of these wagon graves was excavated in 1953 at Hart a.d. Alz in Upper Bavaria. Its elaborate funerary structure and extraordinarily luxurious grave furnishings quickly gave it a special status in archaeological research. Among the grave goods were not only the typical components of wagon and harness, but also an extensive set of pottery vessels and an exclusive set of three bronze drinking utensils (fig. 31). The site where the grave was found eventually gave its name to the so-called Hart an der Alz find group, comprising all the archaeological features with comparable wagon grave goods, both wagon graves and funerary deposits. The group's area of distribution extends from western Switzerland via Baden-Württemberg and Bavaria as far as Upper Austria. So far, around twenty archaeological features have been identified as belonging to the Hart an der Alz group. Of these, only six (the Essenbach feature being one of them) can be unambiguously identified as graves. The others are either funerary deposits or features that cannot be securely identified as belonging to one category or the other.

The graves and funerary deposits of the Hart an der Alz group all belong to the early

Die Gräber und Grabdepots der Hart-an-der-Alz-Gruppe gehören alle der frühen und älteren Urnenfelderzeit (1300–1100 v.Chr.) an. In der mittleren und jüngeren Urnenfelderkultur (1100–950 v.Chr.) fehlen sie hingegen. Doch belegen einzelne in Depotfunden (vgl. „Depotfunde", S. 34–35) dieser Zeit enthaltene Wagenbestandteile, dass der Prunkwagen weiterhin eine Rolle im Leben der Mächtigen spielte, auch wenn er zunächst keine Bedeutung mehr als Beigabe in Gräbern und Grabdepots hatte. Nachdem in der späten Urnenfelderkultur (950–800 v.Chr.) wieder vereinzelt Wagengräber angelegt worden waren, kommt es in der anschließenden Hallstattzeit (800–450 v.Chr.), die schon der Eisenzeit angehört, zu einem erneuten Aufleben der Wagengrabsitte. Gemäß den veränderten Bestattungssitten der Hallstattzeit, wird der Wagen nun unverbrannt beigegeben.

and older Urnfield periods (1300–1100 BC). By contrast, no such features are known from the middle and younger Urnfield Culture (1100–950 BC). Nevertheless, isolated wagon components from hoards (see "Hoards", pp. 34–35) dating from this time show that ceremonial wagons continued to play a role in the lives of the powerful, even though, for the moment, they no longer had any importance as grave goods in graves and funerary deposits. While the late Urnfield Culture (950–800 BC) saw a few isolated wagon graves, in the subsequent Hallstatt period (800–450 BC), which was already part of the Iron Age, there was a resurgence of the wagon-grave burial custom. In accordance with the changed funerary customs of the Hallstatt period, the wagons were no longer cremated before deposition.

31—Bronzegeschirr aus dem Wagengrab von Hart a.d. Alz. Das dreiteilige Service spiegelt die von der Mittelmeerwelt inspirierten Trinksitten der elitären, urnenfelderzeitlichen Führungsschicht wider. Dort wurde beim Gastmahl gewürzter Wein serviert. Der Kessel diente zur Aufnahme des Getränks, das Sieb wurde zum Auffangen der Gewürze verwendet, die mit einem Henkel versehene Schale wurde als Trinkgefäß benutzt. Die Idee des Gastmahls spielte auch nach dem Tod des verstorbenen Machthabers, bei der Ausstattung seines Grabs eine Rolle. Garching an der Alz-Hart an der Alz (Lkr. Altötting, Oberbayern); Grabfund; ältere Urnenfelderzeit, 12. Jh. v.Chr.; Bronze; Kessel: H. 17,3 cm; Archäologische Staatssammlung München, Inv. 1953/616–682.

31—Bronze utensils from the Hart a.d. Alz wagon grave. The three-piece set reflects the drinking habits of the elite Urnfield-period ruling class, inspired by the Mediterranean world, where spiced wine was served at banquets. The cauldron was for holding the wine, the sieve for removing the spices, and the cup with the handle for drinking the wine. The idea of the banquet was also important when it came to furnishing the grave of the ruler after his death. Garching an der Alz-Hart an der Alz (Altötting district, Upper Bavaria); grave find; older Urnfield period, 12th century BC; bronze; cauldron: height 17.3 cm; Archäologische Staatssammlung München, Inv. 1953/616–682.

Wagengrab und Grabdepot

Sowohl die aus den Wagengräbern als auch die aus den Grabdepots stammenden bronzenen Wagen- und Pferdegeschirrteile weisen Brandeinwirkung und absichtliche Beschädigungen auf, wie es für das Bestattungsbrauchtum der Urnenfelderkultur typisch ist. Ein wichtiges Kriterium für die Unterscheidung von Grab und Grabdepot ist hingegen das Vorhandensein oder Fehlen von Leichenbrand. So werden Gräber durch das Vorliegen einer nennenswerten Menge an Leichenbrand gekennzeichnet, während dieser bei Grabdepots, abgesehen von wohl zufällig eingemischten, zahlenmäßig nicht ins Gewicht fallenden Partikeln, völlig fehlt. Daneben ist auch das Fehlen von Keramikgefäßen typisch für Grabdepots.

Besonders aufschlussreich sind einige Befunde, die zuverlässig als Grabdepots eingestuft werden können, da sie in jüngerer Zeit bei gut dokumentierten Ausgrabungen freigelegt wurden. Bei ihnen ist gesichert, dass sie innerhalb von Friedhöfen, auf denen zur Zeit ihrer Deponierung auch bestattet wurde, angelegt wurden, und zwar in unmittelbarer Nähe von richtigen Gräbern. Dies könnte darauf hindeuten, dass sich die Grabdepots auf ganz bestimmte Grabanlagen bezogen haben, wobei ausgewählte Teile der Beigabenausstattung aus den eigentlichen Gräbern nur „ausgelagert“ wurden. Dies gilt insbesondere für die Bestandteile von Wagen und Gespann als hochrangigste statusanzeigende Objekte. Ist ein so enger Zusammenhang von Grabdepot und Grab nicht ersichtlich, wäre auch eine Interpretation als Kenotaph denkbar, also als Scheingrab, das man als Gedächtnisort für einen fern der Heimat verstorbenen Menschen, dessen Leichnam man nicht beisetzen konnte, angelegt hat. Auch in diesem Fall wären die Bestandteile von Wagen und Schirrung ein Hinweis auf die besondere gesellschaftliche Stellung der toten Person.

Das Fehlen von Leichenbrand muss aber nicht immer auf ein Grabdepot oder Kenotaph hindeuten. So ist gerade bei Altgrabungen des 19. und frühen 20. Jahrhunderts durchaus damit zu rechnen, dass der bei der Ausgrabung angetroffene, vermeintlich wertlose Leichenbrand gar nicht erst geborgen wurde oder, aus mangelnder Sorgfalt, später verloren ging. Der wissenschaftliche Aussagewert von Leichenbrand wurde erst in der zweiten Hälfte des 20. Jahrhunderts erkannt und die daraus zu gewinnenden Aussagemöglichkeiten, etwa zu Alter und Geschlecht, erst allmählich, mit der Fortentwicklung der Analysemethoden, erweitert. Ähnlich wie im Falle des Leichenbrands fanden auch schlecht erhaltene und zerbrochene Keramikgefäße in früherer Zeit nicht immer die notwendige Beachtung. So ist es gerade bei nur unzureichend dokumentierten Befunden oft nicht leicht zu entscheiden, ob es sich um ein Grabdepot oder um ein nicht erkanntes Grab handelt (Abb. 32).

Wagon Graves and Funerary Deposits

Both wagon graves and funerary deposits contain bronze components from wagons and harnesses, displaying the signs of exposure to fire and deliberate damage that are typical of the Urnfield Culture funerary tradition. An important criterion for distinguishing between a grave and a funerary deposit, however, is the presence or absence of cremated human remains. The graves contain substantial quantities of human ashes, but no human remains are found in funerary deposits, apart, possibly, from a few small particles probably mixed in by accident. Furthermore, funerary deposits do not typically contain pottery vessels.

We now have a number of archaeological features that can reliably be categorized as funerary deposits, because they were recently discovered during well-documented excavations. They are therefore particularly informative. We know that these deposits were definitely interred in cemeteries during periods when burials were also taking place there, and, indeed, in the immediate vicinity of proper graves. This could indicate that they belonged to particular grave complexes and were simply grave goods specially selected for burial outside the actual grave itself. This is particularly likely in the case of wagon and harness components, since these were the grave goods with the highest status value. If a funerary deposit had no obviously close association with a grave, it could be interpreted as a cenotaph; in other words, an 'empty tomb', commemorating someone who, having died far from home, could not receive a proper burial as the body itself had not been retrieved. The wagon and harness components would still indicate the special social status of the deceased person, even in these circumstances.

The absence of human remains does not always indicate a funerary deposit or cenotaph, however. Especially in the case of old excavations from the 19th and early 20th century, we have to bear in mind that what would, in those days, have been considered worthless cremated remains might not even have been recovered or might have been unceremoniously disposed of at a later date. It was only in the second half of the 20th century that the importance of cremated remains was recognized by archaeological researchers, and, thanks to continuing advancements in analytical methods, the information they can yield, for example about age or sex, has gradually increased. Like cremated remains, poorly preserved or broken pottery vessels were not always given the attention they deserved in the past. If features were poorly documented, therefore, it is not always easy to tell whether they were funerary deposits or unrecognized graves (fig. 32).

32—Bronzebestandteile aus dem Wagenbefund von Hader. Die Fundstücke wurden 1851/52 beim Baumroden entdeckt und ohne Beobachtung und Dokumentation der Befundsituation geborgen. So lässt sich nicht mehr entscheiden, ob es sich um ein Wagengrab oder Grabdepot gehandelt hat. Ruhstorf an der Rott-Hader (Lkr. Passau, Niederbayern); Grabfund oder Grabdepot; frühe/ältere Urnenfelderzeit, 13./12. Jh. v.Chr.; Bronze; Aufsteckvögelchen: L. 7 cm; Museen der Stadt Landshut, Inv. A 533–536.

32—Bronze components from the Hader wagon feature. The finds were uncovered in 1851/52 during tree-clearing operations and excavated without any observation or documentation of the find context. It is therefore no longer possible to determine whether this was a wagon grave or a funerary deposit. Ruhstorf an der Rott-Hader (Passau district, Lower Bavaria); grave find or funerary deposit; early/older Urnfield period, 13th/12th century BC; bronze; bird attachment: length 7 cm; Museen der Stadt Landshut, Inv. A 533–536.

Vom Teil zum Ganzen – Die Rekonstruktion des urnenfelderzeitlichen Prunkwagens

Wie in der Urnenfelderkultur üblich, wurden die in den Wagengräbern bestatteten Verstorbenen vor der Beisetzung verbrannt, und zwar zusammen mit ihrem Wagen. Da alle hölzernen Wagenbestandteile vom Feuer des Scheiterhaufens vernichtet wurden, konnten nur noch die übriggebliebenen, hitzebeständigeren Metallbeschläge dem Grab beigegeben werden (Abb. 3). Zudem mussten die vom Feuer mehr oder weniger stark beschädigten Bronzeteile vor der Beisetzung erst noch vom Einäscherungsplatz aufgesammelt werden. Dies konnte mit mehr oder weniger Sorgfalt geschehen und gerade bei angeschmolzenen und brüchigen Bestandteilen zu weiteren Beschädigungen führen. Daneben ist aber auch von einer bewussten Auswahl der dem Grab beigegebenen Bestandteile auszugehen. So wird auch eine unvollständige Beigabe ausgereicht haben, um den Wagen und den damit verbundenen Ideengehalt als sogenanntes Pars pro Toto (lat.: ein Teil für das Ganze) im Grab zu symbo-

From Part to Whole – The Reconstruction of the Urnfield-Period Ceremonial Wagon

As was the custom in the Urnfield Culture, the deceased interred in the wagon graves were cremated before burial, and so were their wagons. Since all the wooden parts of the wagon would have been destroyed on the funeral pyre, only the more heat-resistant metal fittings survived to be deposited as grave goods (fig. 3). Before deposition, these bronze parts, some damaged more than others, first had to be gathered up from the cremation site – a process that was carried out with varying degrees of care and, especially in the case of melted and fragile components, could result in further damage. We must also assume that there was a deliberate selection of items for placing in the grave. It was not necessary for a grave gift to be complete. A single component would have sufficed, as a pars pro toto to symbolize the entire wagon and the concepts associated with it. This all makes reconstructing the Urnfield ceremonial wagons extremely difficult and speculative. Yet they must origi-

33—Rekonstruktionsversuch des Pferdewagengespanns aus dem Essenbacher Wagengrab. Die Verbrennung der hölzernen Wagenteile auf dem Scheiterhaufen sowie die absichtliche Zerstörung und unvollständige Beigabe der Metallobjekte machen eine Rekonstruktion der urnenfelderzeitlichen Prunkwagen schwierig. Dennoch ermöglichen Vergleiche mit anderen Befunden mit Wagenbeigabe und die gründliche Analyse von Konstruktionsdetails und Abnutzungsspuren Rückschlüsse auf die Verwendung einzelner Bestandteile und damit zumindest eine Annäherung an das Erscheinungsbild der Wagen. Unklar bleibt, wie die Wagen gelenkt wurden. So könnte sich auf dem Wagenkasten ein Sitzmöbel befunden haben. Jüngere Darstellung aus der Eisenzeit legen aber auch nahe, dass die vierrädrigen Wagen entweder im Stehen, vom Wagenkasten aus gelenkt oder von einem hinter dem Wagen gehenden Lenker geführt wurden, während auf dem Wagenkasten ein Gegenstand, wohl ein Kultbild, transportiert wurde. Zudem konnten die Pferde auch direkt an den Kopfriemen geführt werden. Dies liegt insbesondere dann nahe, wenn eine auf dem Wagen liegende verstorbene Person transportiert wurde.

33—Tentative reconstruction of the wagon from the Essenbach wagon grave, complete with its wagon team. Reconstructing Urnfield-period ceremonial wagons is not easy, because the wooden parts were destroyed on the funeral pyre and the metal objects placed in the grave were either deliberately destroyed beforehand or merely served as pars pro toto. However, from comparisons with other archaeological features containing wagon grave goods and a thorough analysis of construction details and signs of wear, it was possible to reach some conclusions about the use of individual components, and from there to form at least a rough idea of what the wagon must have looked like. One thing which is still uncertain is how the wagon was steered. There may have been some type of seat on the wagon box. Later images from the Iron Age suggest, however, that four-wheeled wagons were either steered standing up, or, if an object like a cult statue was being transported on the wagon box, by someone walking along behind. The horses could also simply have been led by the reins. This is particularly likely to have been the case if a dead body lying on the wagon was being transported.

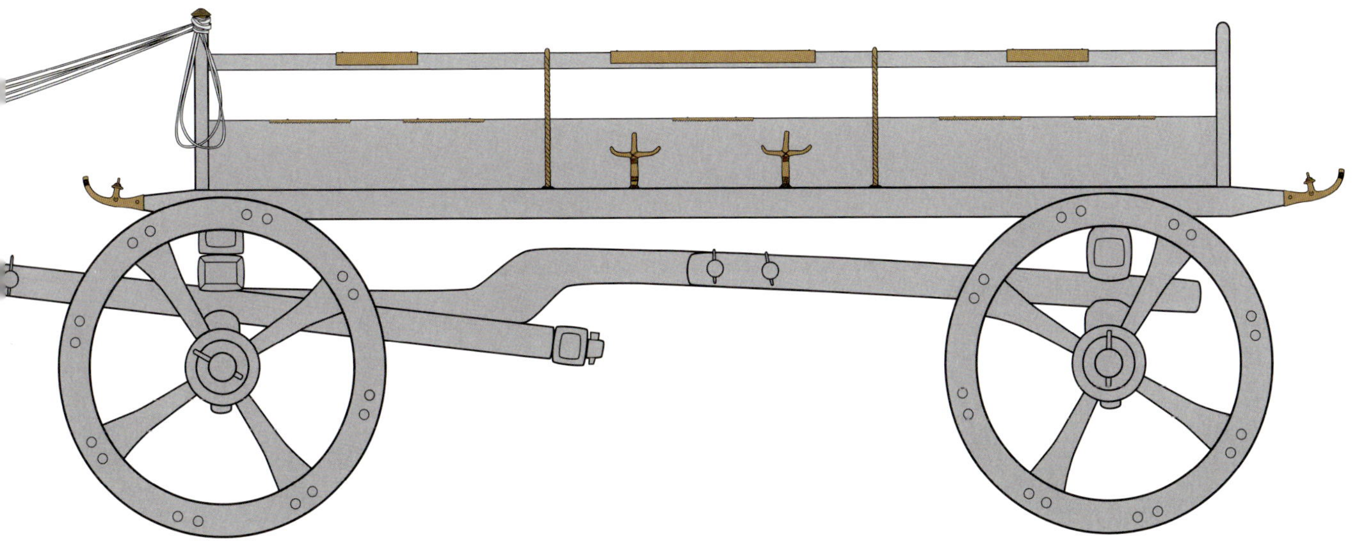

lisieren. All diese Überlieferungsfilter machen eine Rekonstruktion der urnenfelderzeitlichen Prunkwagen äußerst schwierig und spekulativ. Doch müssen die Wagen mit ihren ursprünglich goldglänzenden Bronzebeschlägen und prächtig geschmückten Pferdegespannen eine imposante Erscheinung geboten haben (Abb. 33).

Funde von Speichenschuh- und Radnabenbeschlägen, wie sie im Wagengrab von Hart a.d. Alz gefunden wurden, erlauben Rückschlüsse auf die Konstruktion der Räder. So ermöglichen die Reste von Nabenbeschlägen mit bogenförmigen Ausschnitten die Rekonstruktion von Speichen mit ovalem Querschnitt. Zudem weisen die in Hart a.d. Alz geborgenen Speichenschuhe, also die Verkleidungen der äußeren Speichenteile, verdickte Enden auf (Abb. 34). Ähnlich gebaute Speichen finden sich auch im Karpatenbecken. So liegen aus Nordrumänien und der östlichen Slowakei aus Bronze gefertigte, wohl von zweirädrigen Wagen stammende vierspeichige Räderpaare mit verdickten Speichenenden vor (Abb. 35). Dieses Konstruktionsdetail wurde aus der mykenischen Kultur Griechenlands übernommen (Abb. 36), wo derartige Speichenformen beziehungsweise -verstärkungen schon früher in Gebrauch waren. Die Anzahl der in den Wagengräbern und Grabdepots geborgenen Achskappen und Achsnägel belegen, dass die Wagen vierrädrig waren. So fand sich in einem im oberbayerischen Poing entdeckten Wagengrab ein vollständiger Achskappensatz mit den vier zugehörigen Achsnägeln (Abb. 37). Auch vier Nabenringe, die aus einem 1905 in Mengen in Baden-Württemberg geborgenen Befund mit Wagenbeigabe vorliegen und der Verstärkung der hölzernen Naben dienten, weisen auf die Vierrädrigkeit der Wagen hin. Da für weitere entscheidende Konstruktionsdetails des Fahrgestells keine metallenen Bauteile erforderlich waren, lassen sich dazu keine verlässlichen Aussagen machen.

Besonders aufschlussreich für das Aussehen der verzierten Wagenkästen sind Tüllenaufsätze mit hornförmig aufgebogenen Enden (Abb. 32, 38). Wie die Art und Anzahl der in den Befunden überlieferten Horntüllen nahelegen, waren die-

nally have been an impressive sight, with their bronze fittings gleaming like gold and their magnificently dressed horses (fig. 33).

From finds of spoke and hub fittings, like those from the Hart a.d. Alz wagon grave, researchers have been able to draw conclusions about the construction of the wheels. For example, the remains of hub (or 'nave') fittings with crescent-shaped apertures indicate spokes with an oval cross-section. Moreover, the metal spoke fittings recovered from Hart a.d. Alz – in other words, the sheaths which once encased the outer ends of the spokes – broadened out at the ends (fig. 34). Spokes constructed in a similar way are also found in the Carpathian Basin. For example, pairs of bronze, four-spoked wheels with thickened spoke ends, probably originating from two-wheeled chariots, have been found in northern Romania and eastern Slovakia (fig. 35). This construction detail was adopted from the Mycenean Culture of Greece (fig. 36), where similar types of spoke or spoke reinforcements were in use at an even earlier date. The numbers of axle-caps and axle-pins recovered from Urnfield wagon graves and funerary deposits prove that the wagons were four-wheeled. For example, a complete set of axle-caps, with the four, corresponding axle-pins, was found in a wagon grave at Poing in Upper Bavaria (fig. 37). Similarly, four hub-rings, used to reinforce the wooden hubs, were excavated from a wagon grave discovered at Mengen in Baden-Württemberg in 1905, again proving that the wagon had four wheels. No reliable statements can be made about other key features of the vehicles' design, however, since they did not require any metal components.

We have important clues about the appearance of the decorated wagon boxes, however, in the form of hollow, horn-shaped socket attachments with upward-curving ends (figs. 32, 38). To judge from their shape and the numbers surviving in the archaeological features, they seem to have been attached to the four corners of the wagon boxes with the pointed ends facing upwards. The effect would have been to give the wagon the appearance of a symmetrical barque; in other words, it

34—Vier Speichenschuhe der Räder des Prunkwagens von Hart a.d. Alz. Im Wagengrab von Hart a.d. Alz fanden sich besonders viele und aussagekräftige Metallbestandteile, die sich eindeutig den Wagenrädern zuordnen lassen und Rückschlüsse auf deren Konstruktion erlauben. Dazu gehören sieben Speichenschuhe. Ihre nach unten hin breiter werdende Form zeigt, dass die hölzernen Speichen am Übergang zum Radreifen verstärkt waren. Die Form des oberen, zur Nabe weisenden Endes weist auf einen ovalen Querschnitt der Speichen hin. Daneben liegen Reste von Nabenbeschlägen sowie Achskappen und -nägel vor. Garching an der Alz-Hart an der Alz (Lkr. Altötting, Oberbayern); Grabfunde; ältere Urnenfelderzeit, 12. Jh. v.Chr.; Bronze; L. je 9,6 cm; Archäologische Staatssammlung München, Inv. 1953/651-654.

34—Four spoke sheaths from the wheels of the Hart a.d. Alz ceremonial wagon. The wagon grave at Hart a.d. Alz contained a particularly large and significant assemblage of metal components which could be unambiguously attributed to the wagon wheels, allowing conclusions to be drawn about their construction. These components included seven spoke sheaths. Their shape, which widens towards the bottom, shows that the wooden spokes were reinforced at the transition to the wooden tire. The shape of the upper end pointing towards the wheel hub indicates that the spokes had an oval cross-section. There are also remains of bronze sheet-metal fittings, which were used to cover the wheel hubs, as well as axle caps, and axle pins. Garching an der Alz-Hart an der Alz (Altötting district, Upper Bavaria); grave finds; older Urnfield period, 12th century BC; bronze; length of each sheath 9.6 cm; Archäologische Staatssammlung München, Inv. 1953/651-654.

se mit nach oben gerichteter Spitze an den vier Eckbereichen des Wagenkastens angebracht. Damit verliehen sie dem Wagen das Aussehen einer symmetrischen Barke, also eines kleinen Bootes ohne Mast, die ein wichtiges religiöses Motiv der Urnenfelderkultur darstellt. Weitere Beschlagtypen können wohl ebenfalls mit dem Wagenkasten in Verbindung gebracht werden. Ihr genauer Anbringungsort muss in der Regel jedoch sehr spekulativ bleiben. Dazu gehören aufsteckbare Stäbe unterschiedlicher Größe, die gelegentlich mit gabelförmigen Enden versehen sind, sowie lange Nägel, hakenförmige Stäbe und Doppelniete (Abb. 39, 40). Verschiedenartige, häufig vogelförmige Zierbeschläge (Abb. 32; vgl. auch 53) erfüllten sicherlich keinen praktischen Zweck. Als Schmuckelemente mit religiöser Symbolkraft unterstrichen sie, wie die Horntüllen, die sakrale Bedeutung der Wagen. Zahlreiche wohl am Wagenkasten angebrachte Aufsteckvögelchen und lanzettförmige Anhänger (Abb. 41), die sich vom ägyptischen Anch-Symbol ableiten lassen, verleihen dem Wagen von Poing eine geradezu religiöse „Aufladung".

Neben den Überresten des Wagens finden sich in den Wagengräbern und Grabdepots auch Bronzebestandteile des Pferdegeschirrs, das ebenfalls auf dem Scheiterhaufen mitverbrannt wurde. Charakteristische Fundstücke sind Trensenknebel, also die Seitenteile der Mundstücke, gelegentlich auch Mundstücke sowie Zierbeschläge von den Lederriemen des Geschirrs (Abb. 42). Aus der Anzahl der beigegebenen Trensenknebel lässt sich die Anschirrung von zwei Zugpferden erschließen. So liegt aus dem Grabdepot von Münchsmünster in Oberbayern (Abb. 40) ein vollständiger Satz von vier Trensenknebeln vor, während das Poinger Wagengrab, neben den Knebeln, auch beide Mundstücke enthielt. Eine Einäscherung der Zugpferde auf dem Scheiterhaufen und ihre Beigabe in das Grab waren in der Urnenfelderkultur nicht üblich.

would have resembled the small unmasted boat that was an important religious motif of the Urnfield Culture. Other fittings probably also belonged to the wagon box. Exactly where they were attached is a matter of speculation in most cases. They include attachable rods of various sizes, some of them with pronged ends, as well as long nails, hooked rods, and double rivets (figs. 39, 40). There are also various ornamental fittings, often shaped like birds, which are unlikely to have fulfilled any practical purpose (fig. 32; see also fig. 53). As decorative elements with a religious symbolism, they emphasized the sacral significance of the wagons, in the same way as the horn-shaped socket attachments. Numerous bird-shaped attachments that were probably fixed to the wagon box, along with lancet-shaped pendants (fig. 41) whose design derived from the Egyptian ankh symbol, imbued the Poing wagon with an unmistakably religious aura.

Also found in wagon graves and funerary deposits, alongside the remains of the wagon, are bronze components of the horses' harness, which was also burnt on the funeral pyre. Characteristic finds include cheekpieces (the side-pieces of bits), occasionally the bits themselves, and decorative fittings from the harness's leather straps (fig. 42). From the number of cheekpieces, we can tell that the wagon team comprised two horses. In the funerary deposit from Münchsmünster in Upper Bavaria (fig. 40), for example, there was a complete set of four cheekpieces, while the Poing wagon grave not only had cheekpieces but also both bits. It was not customary in the Urnfield Culture to cremate the wagon team on the funeral pyre and place the remains in the grave.

35—Bronzeräder. Die aus Bronze gefertigten Räder wurden 1793 im damals ungarischen Arcalia gefunden. Das Räderpaar liefert wichtige Hinweise für die Konstruktionsweise und das Aussehen bronzezeitlicher Speichenräder. Die Bronzeräder wurden aus mehreren gegossenen Einzelteilen zusammengesetzt. In die U-förmig ausgearbeiteten Felgen waren hölzerne Radreifen eingesetzt. Arcalia (Comuna Şieu-Măgheruş, Judeţul Bistriţa-Năsăud), Rumänien; Depotfund; mittlere/späte Bronzezeit, 14./13. Jh. v.Chr.; Bronze; Dm. ca. 80 cm; Magyar Nemzeti Muzeum, Budapest, Inv. 25.1867.1/2.

35—Bronze wheels. The bronze wheels were discovered in 1793 in Arcalia, Transylvania (then under the Hungarian Crown), which provide important information about the general construction and appearance of Bronze-Age spoked wheels. They are made from several separate, individually cast pieces, including U-shaped rims into which wooden tires would have been fitted. Arcalia (Comuna Şieu-Măgheruş, Judeţul Bistriţa-Năsăud), Romania; hoard find; middle/late Bronze Age, 14th/13th century BC; bronze; diameter approx. 80 cm; Magyar Nemzeti Muzeum, Budapest, Inv. 25.1867.1/2.

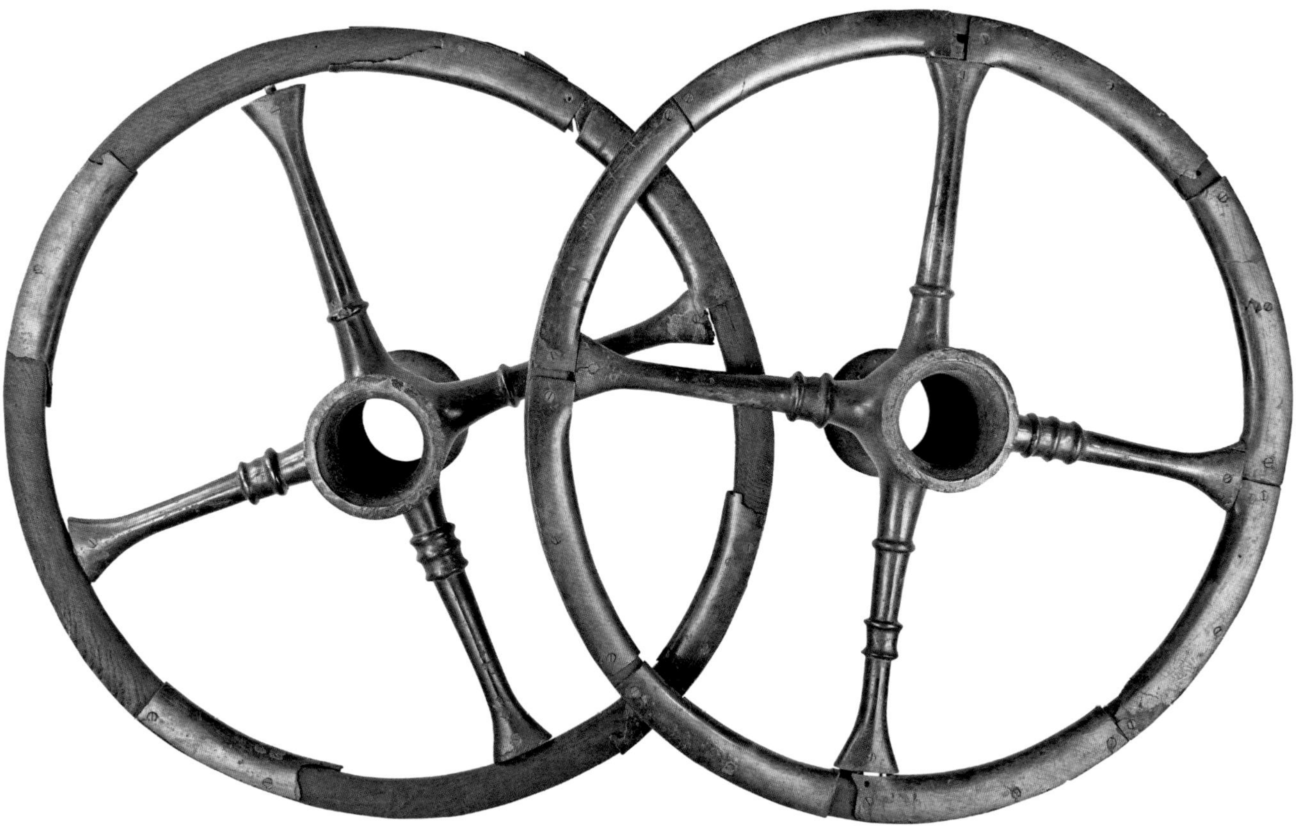

36—Mykenischer Krater. Der altgriechische Ausdruck Krater (κρατήρ) bezeichnet ein Mischgefäß. Kratere wurden aus Keramik oder Bronze hergestellt und dienten zum Mischen von Wein und Wasser. Das auf Zypern gefundene Gefäß zeigt einen mit zwei Kriegern besetzten zweirädrigen Streitwagen mit Zugpferd. Die Bauweise der Räder mit vier Speichen und verdickten Speichenenden ist charakteristisch für den mykenischen Wagenbau. Der Stil des Gefäßes weist darauf hin, dass es im mykenischen Kulturraum Griechenlands hergestellt wurde und als Exportgut nach Zypern kam. Zypern; Mykenische Kultur, Argolis, 13. Jh. v.Chr.; Keramik, bemalt; H. 39,2 cm; Akademisches Kunstmuseum – Antikensammlung der Universität Bonn, Inv. 777.

36—Mycenaean krater. The ancient Greek word krater (κρατήρ) means a mixing vessel. Kraters were made of pottery or bronze and were used for mixing wine with water. This vessel, found in Cyprus, is decorated with a depiction of a two-wheeled chariot, manned by two warriors and drawn by a horse. The construction of the wheels, with four spokes and thickened spoke ends, is characteristic of Mycenaean wagon-building. The style of the vessel shows that it was made in Greece by Mycenaean Culture potters and must have been exported to Cyprus. Cyprus; Mycenaean Culture, Argolis, 13th century BC; pottery, painted; height 39.2 cm; Akademisches Kunstmuseum – Antikensammlung der Universität Bonn, Inv. 777.

37—Achskappen mit zugehörigen Achsnägeln aus dem Wagengrab von Poing. Das kleinere Zentrum der hutförmigen Achskappen wurde auf das Ende der Wagenachsen aufgesetzt, während der scheibenförmige Rand das äußere Nabenende bedeckte. Die Achsnägel dienten zur Fixierung der Wagenräder auf den Achsen. Achskappen waren technisch nicht unbedingt erforderlich und Achsnägel konnten auch aus Holz bestehen. Die metallenen Exemplare aus Poing unterstreichen die Exklusivität des urnenfelderzeitlichen Prunkwagens. Die Ziermotive der Achsnagelköpfe, in Vogelköpfen endende Rinderhörner und Mondsicheln, entstammen der religiösen Symbolwelt der Urnenfelderkultur. Poing (Lkr. Ebersberg, Oberbayern); Grabfund; frühe Urnenfelderzeit, 13. Jh. v.Chr.; Bronze; Achskappen: Dm. ca. 13,8 cm und 10,4 cm; Archäologische Staatssammlung München, Inv. 1993/1a–d.

37—Axle caps with their associated axle pins from the Poing wagon grave. The raised centers of the hat-shaped axle caps were placed over the ends of the wagon axels, while the disc-shaped rims covered the outer rims of the wheel hubs. The wagon wheels were then fixed to the axels with the axle pins. Technically, axle caps were not absolutely necessary, and axle pins could also be made of wood. These metal examples from Poing emphasize the exclusivity of the Urnfield-period ceremonial wagons. The decorative motifs on the heads of the axle pins – crescent moons and cattle horns ending in birds' heads – are derived from the religious symbolism of the Urnfield Culture. Poing (Ebersberg district, Upper Bavaria); grave find; early Urnfield period, 13th century BC; bronze; axle caps: diameter approx. 13.8 cm and 10.4 cm; Archäologische Staatssammlung München, Inv. 1993/1a–d.

38—Hornförmige Aufstecktüllen aus dem Essenbacher Wagengrab. Die Tüllen lassen sich dem Wagenkasten zuordnen (vgl. Abb. 33). Sie wurden auf Holzelemente aufgesteckt und mittels am Tüllenende eingeschlagenen Bronzenieten daran befestigt. Die Horntüllen verliehen dem Wagen das Aussehen einer Barke. Im alten Ägypten, wo die Idee der Jenseitsreise mit dem Schiff eine lange Tradition aufweist, lässt sich die Kombination von Schiff und Wagen bis in die Mitte des 2. Jahrtausends v.Chr. zurückverfolgen. Essenbach (Lkr. Landshut, Niederbayern); Grabfund; frühe Urnenfelderzeit, 13. Jh. v.Chr.; Bronze; L. je 11,2 cm; Germanisches Nationalmuseum, Inv. FG 3023,0.

38—Horn-shaped socket attachments from the Essenbach wagon grave. The sockets can be identified as belonging to the wagon box (see fig. 33). They were fitted over wooden parts and fixed on by hammering bronze rivets into the ends. The horn shapes gave the wagon the appearance of a barque. In ancient Egypt, where the idea of passage by boat into the afterlife had a long tradition, the combination of boat and wagon can be traced back to the middle of the 2nd millennium BC. Essenbach (Landshut district, Lower Bavaria); grave find; early Urnfield period, 13th century BC; bronze; length of each socket 11.2 cm; Germanisches Nationalmuseum, Inv. FG 3023,0.

39—Auswahl von Bronzebestandteilen des Wagenkastens aus dem Essenbacher Wagengrab. Die teilweise verzierten Bronzebruchstücke lassen sich dem Geländer des Wagenkastens zuordnen (vgl. Abb. 33). Die hakenförmig umgebogenen oberen Enden der gedrehten Bronzestäbe legen nahe, dass sie um eine Rundung gebogen waren, während die unteren, glatt belassenen Enden in einen hölzernen Untergrund eingelassen waren. Da die gegabelten Zierbeschläge eine flache, roh belassene, unverzierte Rückseite aufweisen, müssen sie vor einem festen Hintergrund montiert gewesen sein. Essenbach (Lkr. Landshut, Niederbayern); Grabfund; frühe Urnenfelderzeit, 13. Jh. v.Chr.; Bronze; größter Bronzestab: L. 21,5 cm; Germanisches Nationalmuseum, Inv. FG 3023,0.

39—Selection of bronze components of the wagon box from the Essenbach wagon grave. The bronze fragments, some of which are decorated, can be identified as belonging to the balusters of the wagon box (see fig. 33). The twisted bronze rods are shaped into hooks at the top, suggesting that they must have been bent around something curved, while their lower, untwisted ends would have been embedded in a wooden base. The decorative pronged fittings have flat, unfinished backs without decoration and so must have been mounted to a fixed surface. Essenbach (Landshut district, Lower Bavaria); grave find; early Urnfield period, 13th century BC; bronze; largest bronze rod: length 21.5 cm; Germanisches Nationalmuseum, Inv. FG 3023,0.

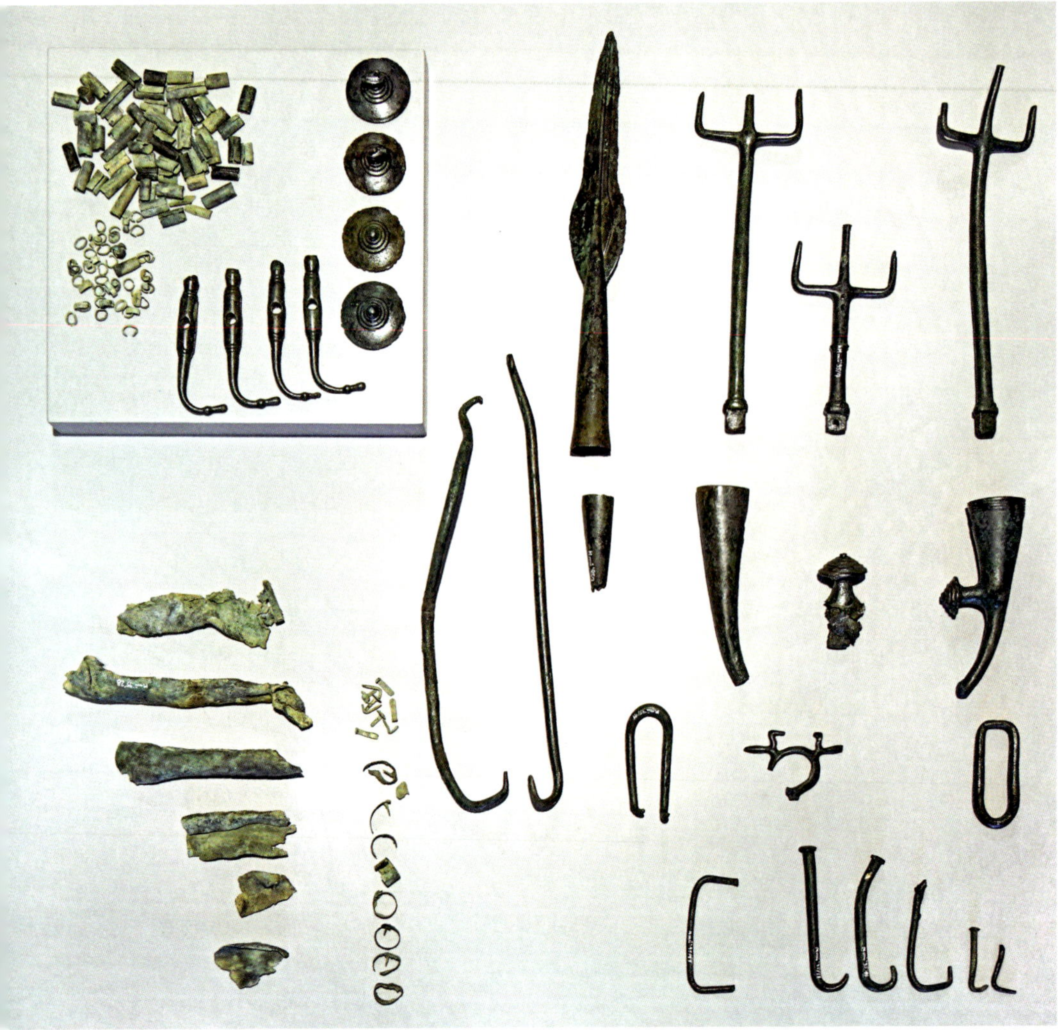

40—Bronzebestandteile aus dem Grabdepot von Münchsmünster. Neben einer Lanzenspitze (oben Mitte) umfasst der Fund zahlreiche Bronzeobjekte, die sich einem vierrädrigen Prunkwagen zuordnen lassen, darunter die hornförmigen Aufstecktüllen und die markanten, dreifach gegabelten Stangenaufsätze (oben rechts). Zum Zaumzeug der Zugpferde gehören vier hakenförmige Trensenknebel sowie Zierscheiben, Blechhülsen und -ringe (oben links) als Schmuck der Lederriemen. Münchsmünster (Lkr. Pfaffenhofen an der Ilm, Oberbayern); Grabdepot; frühe/ältere Urnenfelderzeit, 13./12. Jh. v.Chr.; Bronze; Lanzenspitze: L. 29,1 cm; Zentrum Stadtgeschichte Ingolstadt, Stadtmuseum, Inv. 7157.

40—Bronze components from the Münchsmünster funerary deposit. As well as a spearhead (top row, center), the finds included numerous bronze objects which could be identified as belonging to a four-wheeled ceremonial wagon, including horn-shaped sockets and distinctive three-pronged rod attachments (top right). Some of the components belonged to the horses' harness (top left): four hooked cheekpieces, and four decorative discs and a number of small metal tubes and rings that would have adorned the leather straps. Münchsmünster (Pfaffenhofen an der Ilm district, Upper Bavaria); funerary deposit; early/older Urnfield period, 13th/12th century BC; bronze; spearhead: length 29.1 cm; Zentrum Stadtgeschichte Ingolstadt, Stadtmuseum, Inv. 7157.

41—Zwei lanzettförmige Zieranhänger aus dem Wagengrab von Poing. Neben zahlreichen Aufsteckvögelchen fanden sich mehr als 40 lanzettförmige Anhänger. Auch sie haben religiöse Bedeutung. Sie lassen sich auf das ägyptische Anch-Motiv als Zeichen für das von den Göttern gewährte Leben sowie das Weiterleben im Jenseits zurückführen. Poing (Lkr. Ebersberg, Oberbayern); Grabfund; frühe Urnenfelderzeit, 13. Jh. v.Chr.; Bronze; Anhänger: L. je ca. 4,8 cm; Archäologische Staatssammlung München, Inv. 1993/1a–d.

41—Two decorative lancet-shaped pendants from the Poing wagon grave. In addition to numerous small bird-shaped attachments, more than 40 lancet-shaped pendants were found. They also had a religious significance. They can be traced back to the Egyptian "ankh" motif, symbolizing the divine gift of life and life's continuance after death. Poing (Ebersberg district, Upper Bavaria); grave find; early Urnfield period, 13th century BC; bronze; pendants: length approx. 4.8 cm; Archäologische Staatssammlung, Munich, Inv. 1993/1a–d.

42—Bronzebestandteile des Pferdegeschirrs aus dem Essenbacher Wagengrab. Bei den mit Ösen versehenen Knebeln (links) handelt es sich um die zur Trense gehörenden Seitenteile, die das Mundstück am Verrutschen hindern sollten. Bronzene Mundstücke sind im Essenbacher Befund nicht erhalten, doch mussten diese nicht zwingend aus Metall gefertigt sein. Sie konnten auch, wie die Riemen des Zaumzeugs, aus Leder oder Textilschnüren bestehen. Die auf der Rückseite mit Ösen versehenen Zierscheiben (rechts) dienten zur Führung und Fixierung der Zaumzeugriemen sowie als Schmuckelemente. Essenbach (Lkr. Landshut, Niederbayern); Grabfund; frühe Urnenfelderzeit, 13. Jh. v.Chr.; Bronze; Knebel: L. je ca. 7,8 cm; Germanisches Nationalmuseum, Inv. FG 3023,0.

42—Bronze horse-harness components from the Essenbach wagon grave. The elongated pieces with eyelets are cheekpieces, which kept the bit from slipping. No bronze bits were preserved in the Essenbacher feature, but the bits would not necessarily have been metal. Like the harness straps, they could also have been made of leather or textile rope. The discs with eyelets on the back (right) were for threading and fixing the harness straps, while also serving as decoration. Essenbach (Landshut district, Lower Bavaria); grave find; early Urnfield period, 13th century BC; bronze; cheekpieces: length approx. 7.8 cm; Germanisches Nationalmuseum, Inv. FG 3023,0.

Der Wagenfahrer

Asche zu Asche – Die menschlichen Überreste aus dem Essenbacher Wagengrab

Häufig lassen schon die Beigaben von Gräbern Rückschlüsse auf das Geschlecht der bestatteten Personen zu. In Essenbach liefert die Grabausstattung, insbesondere das Schwert und das Rasiermesser, deutliche Hinweise auf die Bestattung eines Mannes (Abb. 4, 43). Aber auch die menschlichen Überreste geben Auskunft über die beigesetzten Menschen. So ermöglicht die anthropologische Analyse des Leichenbrands Aussagen zu Lebensalter und Geschlecht.

Der Leichenbrand des Essenbacher Wagengrabs wurde 2024 einer fachwissenschaftlichen anthropologischen Analyse unterzogen. Dabei konnten eindeutig die sterblichen Überreste eines etwa 1,72 m großen erwachsenen Mannes, der zwischen seinem fünfundzwanzigsten und vierzigsten Lebensjahr verstarb, identifiziert werden. Er kann über die Grabbeigaben als „Wagenfahrer" oder Inhaber des Grabs identifiziert werden. Überraschenderweise enthielt der geborgene Leichenbrand aber auch noch die Überreste von fünf weiteren Menschen, die unterschiedliche Sterbealter aufweisen. So ließen sich eine weitere erwachsene, wohl weibliche Person, die ebenfalls im Alter zwischen 25 und 40 Jahren verstarb, sowie vier Kinder identifizieren. Das Sterbealter des ältesten Kinds

The Wagon Driver

Ashes to Ashes – The Human Remains from the Essenbach Wagon Grave

Often, the grave goods from a burial allow us to draw conclusions about the sex of the person buried. At Essenbach, the sword, in particular, provides significant evidence that this was a male grave (figs. 4, 43). Information can also be extracted, however, from the human remains themselves. Anthropological analyses can determine age and sex.

In 2024, an expert anthropological analysis of the cremated bone from the Essenbach wagon grave was carried out, resulting in the unambiguous identification of the human remains of an adult man of around 1.72 m in height, who died at between twenty-five and forty years of age. From the grave goods, he can be identified as the "wagon driver," that is, the owner of the grave. Surprisingly, however, the cremated bone also turned out to include the remains of five other people, of various ages: another adult, probably female, who also died at between twenty-five and forty years of age, and four children. The age at death of the eldest child was between ten and twelve. Two others died at around 3 and around 5 years of age, while the youngest died as an infant, at around nine months old. There is no one simple explanation for this, although comparable archaeological features with multiple

43—Rasiermesser und Goldring aus dem Essenbacher Wagengrab. Das Rasiermesser symbolisiert wohl den Übergang der Lebensphasen des Mannes. Der rituelle Akt der ersten Rasur bezeichnete das Ende der Kindheit und den Beginn des Erwachsenenlebens. Zudem waren Rasiermesser und Rasur wohl auch nach dem Tod noch von Bedeutung für den Verstorbenen. So verliert der Körper nach Eintritt des Todes allmählich an Flüssigkeit. Dadurch zieht sich die Gesichtshaut zurück und es entsteht der Eindruck als würden Bart und Haare auch nach Eintritt des Todes noch weiterwachsen. Der goldene Ring bezeichnet den Verstorbenen als Angehörigen der mächtigen und einflussreichen gesellschaftlichen Elite. Essenbach (Lkr. Landshut, Niederbayern); Grabfund; Frühe Urnenfelderzeit, 13. Jh. v.Chr.; Bronze, Gold; Rasiermesser: L. 8,5 cm, Ring: Dm. ca. 2,3 cm; Germanisches Nationalmuseum, Inv. FG 3023,0.

43—Razor and gold ring from the Essenbach wagon grave. The razor presumably symbolized the transition from adolescence to manhood. The ritual act of a boy's first shave signified the end of childhood and the beginning of adult life. Razors and shaving probably had continuing symbolic relevance even after death. Once death has occurred, the body gradually loses moisture, causing the skin of the face to recede and giving the impression that the beard and hair are continuing to grow. The gold ring showed that the deceased belonged to the powerful and influential social elite. Essenbach (Landshut district, Lower Bavaria); grave find; early Urnfield period, 13th century BC; bronze, gold; razor: length 8.5 cm, ring: diameter approx. 2.3 cm; Germanisches Nationalmuseum, Inv. FG 3023,0.

liegt zwischen zehn und zwölf Jahren, bei zwei weiteren trat der Tod im Alter von etwa 3 und 5 Jahren ein, während das jüngste der Kinder bereits im Säuglingsalter, mit etwa 9 Monaten, verstarb. Es ist nicht ganz einfach, eine Erklärung für diese Mehrfachbestattung zu finden. Vergleichbare Befunde sind in der Urnenfelderkultur durchaus geläufig. So könnte es sich um die Bestattung mehrerer gleichzeitig verstorbener beziehungsweise eingeäscherter Personen handeln, etwa in Zeiten von grassierenden Krankheiten. In manchen Fällen könnten Gräber auch zu einem späteren Zeitpunkt wieder geöffnet worden sein, um weitere Verstorbene darin beizusetzen. Insbesondere bei Elitegräbern wird zudem häufig die sogenannte Totenfolge als Erklärungsmodell angeführt. Dabei mussten Hinterbliebene, Gefolgsleute oder Bedienstete einer verstorbenen Person freiwillig oder erzwungenermaßen in das Grab folgen. Zu berücksichtigen ist außerdem die für die Urnenfelderzeit übliche Einäscherung der Verstorbenen an einem zentralen, mehrfach benutzen Verbrennungsplatz. So ist nicht auszuschließen, dass es bei der Auslese des Leichenbrands nach der Verbrennung zu einer unabsichtlichen Vermischung mit den am Ort verbliebenen Leichenbrandrückständen anderer, zu einem früheren Zeitpunkt eingeäscherter Personen kam. Dies liegt beim Essenbacher Wagengrab im Falle des fünfjährigen Kindes nahe, da von ihm nur ein einziger Zahn nachweisbar ist.

Der Nachweis von Leichenbrand mehrerer Personen in einem Wagengrab konnte erstmals in Essenbach erbracht werden. Vielleicht liegt dies aber nur daran, dass das Essenbacher Grab im Zuge einer mit modernen Methoden durchgeführten Ausgrabung untersucht wurde. Sofern aus den wenigen weiteren unstrittigen Wagengräbern noch Leichenbrand vorliegt, scheint es sich immer um die Bestattung einer einzigen Person gehandelt zu haben. Allerdings war in keinem Fall eine eindeutige Geschlechtsbestimmung möglich. Doch weisen die geborgenen Beigaben auf männliche Verstorbene hin.

burials are fairly common in the Urnfield Culture. Several people might have been buried together because they had either died or been cremated at the same time, perhaps during a period when disease was rife. In some cases, graves may have been reopened at a later date in order to bury other deceased persons. In the particular case of elite graves, ritual suicide is sometimes the explanation offered; in other words, the practice by which relatives, followers, or servants, voluntarily or involuntarily, follow the deceased into the grave. Another factor to be borne in mind is the Urnfield-period custom of cremating the dead at central sites used for multiple cremations. It is quite possible that remains left over from earlier cremations could have been unintentionally mixed in with those from the most recent ceremony. In the case of the Essenbach wagon grave, accidental mixing-in might be a possibility in the case of the five-year-old child of whom only a single tooth has survived.

This is the first time that funeral-pyre debris from a wagon grave has been shown to contain the remains of several people. However, this could simply be because the Essenbach wagon burial is the first to have been excavated and analyzed using modern methods. Where we still have cremated remains from the few other undisputed wagon graves, they appear to belong to just one person. In none of these cases, incidentally, could the sex be unambiguously identified, but the excavated grave goods indicate that the deceased was male.

Amt und Würden – Die gesellschaftlichen Funktionen des Wagenfahrers

Der aufwendige Grabbau des Essenbacher Wagengrabs mit seiner großen, ursprünglich wohl überhügelten hölzernen Grabkammer sowie seine exklusiven Beigaben zeigen, dass es sich um die letzte Ruhestätte einer bedeutenden und hochstehenden Persönlichkeit handelt, die der gesellschaftlichen Elite angehörte. Die Herausbildung dieser urnenfelderzeitlichen Führungsschicht ist eng an die im Laufe der Bronzezeit intensivierte Nutzung der Bronze sowie die Beschaffung der zu ihrer Herstellung notwendigen Rohstoffe, Kupfer und Zinn, gebunden. Dies führte zu einem Aufschwung des Handels, zum Ausbau von Wegenetzen und zum Aufbau damit verbundener weitreichender Fernkontakte. All das bedurfte einer übergeordneten Organisation, Regelung und Kontrolle, die in den Händen der herrschenden Elite lag. Die Bronze oder vielmehr die Gewinnung und die Verteilung der dafür notwendigen Rohstoffe, ihre Verarbeitung und der weitere Handel begünstigten die Entstehung dieser mächtigen Führungsschicht und legitimierten sie zugleich.

Einige statusanzeigende Objekte im Essenbacher Wagengrab liefern konkrete Hinweise auf die Funktionen, die der Verstorbene im Leben verkörperte. Das Schwert zeichnet ihn als Krieger aus und verweist als Zeichen der Macht auf seinen politischen Einfluss sowie die Möglichkeit, Interessen gegebenenfalls militärisch mit Waffen durchzusetzen (Abb. 4). So mussten etwa die Handelsrouten, auf denen der Warenaustausch stattfand, sowie die Produktions- und Lagerstätten gesichert und geschützt werden. Häufig finden sich in den Elitegräbern auch Lanzen- (Abb. 40) und Pfeilspitzen, die den militärischen Aspekt unterstreichen.

Eher unscheinbar wirken hingegen mehrere kleine Bronzegewichte (Abb. 44). Sie zeichnen den Essenbacher Wagenfahrer als wirtschaftlichen Machthaber aus. Sie spiegeln dessen Wirtschaftskraft und Rolle in Produktion und Güterverteilung wider. Ihre geringe Größe könnte einerseits auf eine Verfügungsgewalt über Luxusgüter, wie Gold oder kostbare Ge-

Offices and Honors – The Social Functions of the Wagon-Driver

The elaborate funerary structure of the Essenbach wagon grave, with its large, wooden burial chamber, probably originally surmounted by a barrow, and its exclusive grave goods, showed that this was the final resting place of an important, high-profile figure, a member of the social elite. The emergence of this ruling class in the Urnfield period was closely linked to the intensified use of bronze during the Bronze Age, and the procurement of the raw materials needed to produce it: copper and tin. The demand led to a surge in trade, the expansion of transport networks, and the associated development of long-distance contacts. All this activity required overarching organization, regulation, and control, which lay in the hands of the ruling elites. Bronze, or rather the mining and distribution of the ores from which it was made, the processing of those ores, and the onward trade of the goods produced both favored the development of this powerful ruling class and, at the same time, legitimized it.

Some of the status-defining objects from the Essenbach wagon grave provide concrete evidence of the functions which the grave-owner embodied in life. The sword presents him as a warrior and, as a symbol of power, points to his political influence and his ability, if necessary, to pursue interests by military force (fig. 4). The trade routes, along which the exchange of goods took place, and the sites where those goods were produced and stored needed to be guarded and defended. Often, spear- and arrowheads (fig. 40) are also found in the graves of the elite, underlying this military aspect of their role.

Rather inconspicuous, by contrast, are several small bronze weights (fig. 44). They characterize the Essenbach wagon driver as a wielder of economic power and reflect his role in the production and distribution of goods. Their small size may hint at access to luxury goods, like gold, precious spices, and other substances usually traded in small quantities. On the other hand, their meaning may have

44—Auswahl an Bronzegewichten aus dem Essenbacher Wagengrab. Wie die unterschiedlichen Größen zeigen, wurden die rautenförmigen Gewichte als zusammengehörender Gewichtssatz in gestaffelter Größe beigegeben. Anders als in der griechischen Mittelmeerwelt war es in der zentraleuropäischen Urnenfelderkultur nicht üblich, den Verstorbenen auch Waagen mit in das Grab zu geben. Essenbach (Lkr. Landshut, Niederbayern); Grabfund; frühe Urnenfelderzeit, 13. Jh. v.Chr.; Bronze; L. ca. 2,4–4,0 cm; Germanisches Nationalmuseum, Inv. FG 3023,0.

44—Selection of bronze weights from the Essenbach wagon grave. As can be seen from their different sizes, the lozenge-shaped weights made up a graduated set. In the Greek Mediterranean world it was customary to place a set of scales in the grave as well, but this was not usual in the Central European Urnfield Culture. Essenbach (Landshut district, Lower Bavaria); grave find; early Urnfield period, 13th century BC; bronze; length approx. 2.4–4.0 cm; Germanisches Nationalmuseum, Inv. FG 3023,0.

würze und Substanzen, die in eher kleinen Mengen gehandelt wurden, hindeuten. Andererseits dürften sie auch ganz allgemein symbolisch zu verstehen sein und eine Schlüsselrolle des Verstorbenen in der Metallwirtschaft, etwa seinen Zugriff auf Lagerstätten und seine Funktion in der Verarbeitung und Verteilung, anzeigen. Dies legen auch die verkehrsgünstige Lage des Essenbacher Wagengrabs und eine nähere Betrachtung der Fundregion nahe. Besonders deutlich ist der Bezug zur Metallgewinnung und zum weiterverarbeitenden Handwerk auch im Wagengrab von Poing in Oberbayern symbolisiert. So fanden sich hier, neben einem kleinen Bronzegewicht, auch das Halbfabrikat eines Armrings, Fragmente von Kupferbarren und Gussbrocken, also zur Weiterverarbeitung gedachtes Rohmetall.

Auch der Wagen selbst ist ein Hinweis auf die Funktion des Bestatteten zu seinen Lebzeiten. So waren die Wagen immer mehr oder weniger reich mit religiösem Symbolgut versehen. In Essenbach sind dies besonders die an den Enden des Wagenkastens angebrachten hornförmigen Tüllen (Abb. 33, 38), die dem Wagen das Aussehen einer Barke verliehen. In anderen Fällen treten weitere Motive mit religiöser Bedeutung hinzu, besonders häufig der Wasservogel (Abb. 37, 41; vgl. auch 53). Die unübersehbare sakrale Bedeutung der Wagen deutet auf ihre rituelle Verwendung und eine religiöse Funktion und Legitimierung der bestatteten Fahrer hin. Wahrscheinlich kam der Wagen schon zu Lebzeiten des Verstorbenen bei religiösen Feierlichkeiten zum Einsatz. Die tragende Rolle, die der Würdenträger dabei spielte, fand ihren Ausdruck nicht zuletzt im Vorrecht der Wagenfahrt. Der Wagen könnte also als eine Art „fahrender Thron“ gedient haben. Seine letzte Bestimmung fand er schließlich bei den Bestattungszeremonien für den nun verstorbenen Wagenfahrer.

Auch der kostbare goldene Fingerring, der dem Grab unverbrannt beigegeben wurde, sollte sicherlich nicht nur auf den Reichtum des Bestatteten verweisen (Abb. 43). Auch er darf als Symbol seiner politischen, militärischen, wirtschaftlichen und religiösen Macht verstanden werden. So galt das kostbare glänzende

been purely symbolic, referring to the deceased's key role in the metal economy; for example, his access to ore deposits and his role in processing and distribution. Supporting this interpretation are the favorable position of the Essenbach wagon grave in relation to transport routes and a closer examination of archaeological sites in the surrounding area. A link to metal extraction and the craft of metal processing was also very clearly symbolized in the wagon grave from Poing in Upper Bavaria, where, as well as a small bronze weight, a half-worked arm ring and fragments of copper ingots and casting cakes were discovered; in other words, materials destined for further processing.

Even the wagon itself is evidence of the deceased's social function in life. To a greater or lesser extent, all the wagons from wagon graves were imbued with religious symbolism. At Essenbach, this particularly took the form of horn-shaped sockets attached to the ends of the wagon box (figs. 33, 38), giving the wagon the appearance of a barque. In other wagon graves, there were additional religious motifs, in particular, waterfowl (figs. 37, 41; see also fig. 53). The unmistakably sacral significance of the wagon points to a ritual use, suggesting a religious role for its driver and a religious legitimation of his status. It is likely that the wagon was used for religious ceremonies while the grave-owner was still alive. His presiding role in such ceremonies would have been expressed, not least, by his exclusive right to use the wagon, which may have served as a kind of 'traveling throne'. Upon the driver's death, the wagon would have found its final employment in his funerary ceremonies.

The precious gold finger ring, placed, unburnt, in the grave, is likely to have been more than a sign of the deceased's wealth (fig. 43). Probably, it would also have been understood as a symbol of his political, military, economic, and religious power. Because of its material properties, precious, lustrous gold was considered to be imperishable and divine.

Since we have no written records, it is impossible to make reliable statements about the organization of society in the Urnfield

Gold aufgrund seiner Materialeigenschaften als unvergänglich und göttlich.

Da schriftliche Überlieferungen fehlen, lassen sich keine sicheren Aussagen zur Organisation des urnenfelderzeitlichen Gemeinwesens machen. Wie unter anderem die Ausstattungen der Wagengräber nahelegen, ist jedoch von einer engen Verzahnung von weltlicher und religiöser Macht auszugehen. Naheliegend ist die Annahme eines sakralen Herrschertums, wie es ähnlich für die schriftführenden Kulturen des Vorderen Orients und Ägypten überliefert ist, wo die Könige zugleich auch oberste Priester und Repräsentanten der Götter waren.

period. Evidence such as the furnishings of the wagon graves, however, clearly demonstrates a close interconnection between worldly and religious power. It is probably safe to assume that, as in the literate civilizations of the ancient Near East and Egypt, where kings were also high priests and representatives of the gods, rulership in the Urnfield Culture was a sacred office.

Zwischen Alpen und Böhmerwald – Der Ort der Bestattung

Die weit vernetzten, überregionalen Fernhandelsrouten der Bronzezeit orientierten sich an natürlichen Geländegegebenheiten wie Gebirgspässen und Flusstälern. Größere, schiffbare Flüsse konnten direkt für den Transport zu Wasser genutzt werden. Daneben stellten die Täler der kleineren, nicht befahrbaren Fließgewässer konstante Orientierungslinien im Wegenetz dar, auch wenn sich die Fluss- und Bachläufe innerhalb ihrer Täler von Zeit zu Zeit verlagern konnten. Auch burgartig befestigte Höhensiedlungen waren weithin sichtbare Orientierungsmarken in der Landschaft. Sie wurden an wichtigen Verkehrsknotenpunkten errichtet und dienten unter anderem dem Schutz und der Kontrolle der Handelswege und des Güteraustauschs.

Zwar ist die Gruppe der früh- und älterurnenfelderzeitlichen Wagengräber und Grabdepots des 13. und 12. Jahrhunderts v.Chr. sehr klein, doch fällt die markante, verkehrsgünstige Lage ihrer Fundplätze auf. So befinden sich von den insgesamt rund 20 bekannten Fundstellen elf an der Donau, der bis heute eine wesentliche

Between the Alps and the Bohemian Forest – The Burial Site

The extensively interconnected, transregional, long-distance trade routes of the Bronze Age were shaped by the naturally occurring, physical features of the landscape, such as mountain passes and river valleys. Large navigable rivers could readily be exploited for water transport, while the valleys of smaller, non-navigable streams and rivers acted as reliable markers, guiding the way amidst crisscrossing travel routes, even if the riverbeds themselves might have shifted from time to time within the valleys. Defended, fortress-like hill settlements, visible from afar, also acted as orientation markers in the landscape. Built at important transport nodes, one of their purposes was to protect and control transport routes and the trade in goods.

The group of early and older Urnfield-period wagon graves and funerary deposits from the 13th and 12th century BC may be very small in number, but their favorable positions from the point of view of transportation is striking. Of the roughly twenty known sites, eleven are on the Danube, still a crucially important trans-

Bedeutung als Verkehrsweg zukommt. Auch das Essenbacher Wagengrab liegt an einem Verkehrsknotenpunkt. Der Fundplatz markiert eine „Scharnierstelle", die das Isartal nördlich der Stadt Landshut mit dem Tal der Kleinen Laber verbindet, die wiederum bei der Stadt Straubing in die Donau mündet. Flankiert wird dieser Weg von zwei unter anderem während der frühen und älteren Urnenfelderkultur genutzten Höhenbefestigungen, dem Höglberg in Landshut und dem Bogenberg in der Stadt Bogen. Dazwischen reihen sich perlschnurartig Fundstellen aneinander, die ebenfalls der frühen und älteren Urnenfelderzeit angehören und durch ihre Bezüge zur Metallwirtschaft sowie zur Elitenkultur auffallen (Abb. 45).

Rund 9 km südwestlich vom Essenbacher Wagengrab entfernt liegt der Landshuter Höglberg (Abb. 45). Funde aus dem Umland der urnenfelderzeitlichen Burg belegen die weitreichenden Fernkontakte der Region in dieser Zeit. So ist etwa eine lange gezackte Bronzenadel (Abb. 46) typisch für den südwestdeutschen und ostfranzösisch-schweizerischen Raum, während eine bronzene Nackenscheibenaxt aus dem im südöstlichen Mitteleuropa gelegenen Karpatenbecken kommt (Abb. 47). Aus dem Urnenfriedhof von Ergolding-„Mitterfeld", dessen Gräber zum Zeitpunkt der Ausgrabung schon weitgehend zerstört waren, stammt das Fragment einer Bronzetasse (Abb. 45, 48). Die Beigabe von Metallgeschirr war den Gräbern der gesellschaftlichen Führungsschicht vorbehalten.

Rund 13,5 km nördlich des Essenbacher Wagengrabs befindet sich der markant an der Mündung des Goldbachs in die Kleine Laber gelegene Fundort des Brucherzdepots von Winklsaß (Abb. 45; vgl. „Depotfunde" S. 34–35). Der bedeutende Fundkomplex umfasst unter anderem 35 Kupfergussbrocken mit einem Gewicht von fast 7,5 kg, einen stabförmigen Barren sowie die mehr oder weniger kleinteiligen Bruchstücke mehrerer Sicheln, eines Rasiermessers, eines Blecheimers, eines Schwerts, eines Brustpanzers sowie von Beinschienen (Abb. 19). Die Zusammensetzung des Depotfunds ist in der Fundregion unüblich und zeigt Verbindungen in das Karpatenbecken. Wäh-

port route today. The site of the Essenbach wagon grave also marks a transport node; a waypoint on the route linking the Isar Valley north of the town of Landshut with the valley of the Kleine Laber River, which flows into the Danube near the town of Straubing. The route is bookended by two hilltop settlements, whose periods of occupation include the early and older Urnfield periods: the Höglberg in Landshut and the Bogenberg in Bogen. Strung out between them, like beads on a necklace, is a series of archaeological sites which also date from the early and older Urnfield periods and which are striking for their references to the metal economy and elite culture (fig. 45).

Around 9 kilometers southwest of the Essenbach wagon grave lies the Höglberg hillfort in Landshut (fig. 45). Finds from the area surrounding the Urnfield-period fortification demonstrate the far-reaching contacts of the region in this period. For example, a long, ribbed bronze pin (fig. 46) is typical of the area of southwest Germany, eastern France, and Switzerland, while a disc-butted bronze axe came from the Carpathian Basin (fig. 47). From the "Mitterfeld" urn cemetery at Ergolding, whose graves had largely been destroyed by the time they were excavated, came a fragment of a bronze cup (figs. 45, 48). Grave goods in the form of metal vessels were reserved for the ruling class.

Around 13.5 kilometers north of the Essenbach wagon grave is Winklsass, where a scrap-metal hoard was discovered, the site strikingly situated at the confluence of the Goldbach and Kleine Laber Rivers (fig. 45; see "Hoards", pp. 34-35). This important assemblage included, amongst other things, 35 pieces of copper cake weighing almost 7.5 kilograms, a rod-shaped ingot, and fragments, of various sizes, of several sickles, a razor, a metal cauldron, a sword, a cuirass, and some greaves (fig. 19). These are unusual finds for the area and demonstrate links to the Carpathian Basin. While the metal cake and ingot are evidence of the metal industry, the sword fragments and fragments of armor and vessels, in particular, point to an unmistakably elite culture of prestigious display.

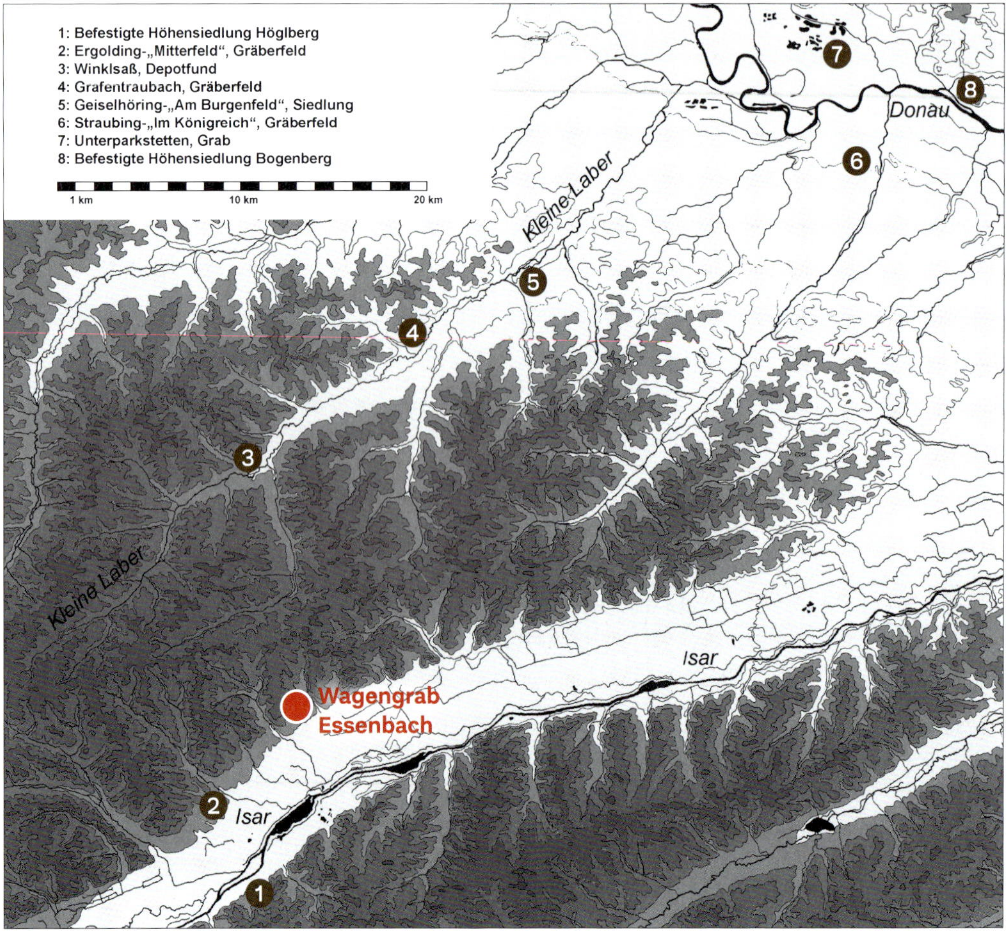

45—Kartierung von Fundplätzen mit Bezügen zu Metallwirtschaft und Elitenkultur im Umland des Essenbacher Wagengrabs. Die Fundstellen ermöglichen die Rekonstruktion eines Handelswegs, der zwischen den Höhensiedlungen Höglberg an der Isar im Südwesten und Bogenberg an der Donau im Nordosten durch das Flusstal der Kleinen Laber führt. Das Wagengrab von Essenbach liegt an einer verkehrsgünstigen, noch heute von der Bundesstraße 15 genutzten Wegeführung, die das Isartal bei Landshut mit dem Tal der Kleinen Laber verbindet.

45—Mapping of find sites with links to the metal economy and elite culture in the area around the Essenbach wagon grave. From the find sites, we can reconstruct a trade route, following the valley of the Kleine Laber and connecting the hilltop settlements of Höglberg on the River Isar in the southwest and Bogenberg on the Danube to the northeast. The Essenbach wagon grave lies on a convenient route, which is still used today by the Bundesstrasse 15 highway, linking the Isar Valley near Landshut with the valley of the Kleine Laber.

rend die Gussbrocken und der Barren Belege für die Metallwirtschaft darstellen, verweisen besonders die Schwert-, Rüstungs- und Gefäßfragmente auf eine ausgeprägte elitäre Repräsentationskultur.

Zwei Brandgräber, in denen Schwertträger bestattet wurden, fanden sich etwa 10 km nordöstlich von Winklsaß, in der im Tal der Kleinen Laber gelegenen Ortschaft Grafentraubach (Abb. 45, 49). Besonders hervorzuheben ist das reich ausgestattete Kammergrab eines 40 bis 60 Jahre alten Mannes. Neben dem absichtlich zerbrochenen Schwert enthielt das Grab unter anderem bronzene Nadeln, deren Form typisch für den Alpenraum ist. Ähnlich wie im Essenbacher Wagengrab fanden sich auch drei kleine Bronzegewichte. Dazu haben sich auch die Bronzescharniere eines zugehörigen Etuis erhalten.

Wiederum 7 km nordöstlich davon liegt der Siedlungsplatz Geiselhöring-„Am Burgenfeld“ (Abb. 45). Dort fanden sich direkte Nachweise für die Verarbeitung von Metall, darunter das Bruchstück eines Gussbrockens und Schlackenreste. Neben mehreren Gussformen für Fertigprodukte fällt besonders eine Form zur Herstellung stabförmiger Barren ins Auge (Abb. 50). Sie belegt, dass hier nicht nur Güter für den eigenen Gebrauch hergestellt wurden, sondern Metallverarbeitung im größeren Stil betrieben wurde. So waren die Barren als genormte Einheiten für den weiteren Handel bestimmt. Ein eher unscheinbares Keramikfragment aus der Siedlung ist in der Fundregion völlig fremd. Sein aus einzelnen „Säulchen“ zusammengesetzter Henkel weist in den Nordtiroler Raum und legt Kontakte in dieses wichtige Kupferabbaugebiet nahe.

Bei Straubing mündet die Kleine Laber in die Donau. Auch hier fallen diesseits und jenseits der Donau mehrere früh- und älterurnenfelderzeitliche Bestattungsplätze mit besonders reich ausgestatteten Gräbern auf, so in Straubing-„Im Königreich“ und in Unterparkstetten (Abb. 45). Im Umfeld des Friedhofs Straubing-„Im Königreich“ lassen sich auch alte Flussübergänge über die Donau lokalisieren. Aus den dort geborgenen Brandgräbern liegen neben einem Schwert auch Gussbrocken vor,

In the village of Grafentraubach, some 10 kilometers northeast of Winklsass, in the Kleine Laber Valley, two cremation graves of sword bearers were found (figs. 45, 49). Particularly remarkable was the richly furnished chamber tomb of a 40- to 60-year-old man. Along with a deliberately broken sword, it contained bronze pins of a type characteristic of the Alpine region. As in the Essenbach wagon grave, there were also three small bronze weights. The bronze clasps from a case that once contained them were also preserved.

A further 7 kilometers northeast of Grafentraubach lies the “Am Burgenfeld” archaeological site at Geiselhöring (fig. 45). This was a settlement site, and here direct evidence of metalworking was discovered, including a fragment of metal cake, remains of slag, and several molds for casting finished products. A particularly striking find was a mold for casting rod-shaped ingots (fig. 50). This proved that the settlement not only produced goods for its own use, but engaged in metalworking on a grander scale. The ingots would have been used as standard units of exchange for trading over long distances. A rather inconspicuous pottery fragment from the settlement was completely foreign to the area. Its handle, composed of individual little ‘columns’, showed that it probably was inspired by examples from northern Tyrol and suggested contacts with this important copper-mining region.

Near Straubing, the Kleine Laber empties into the Danube. Here, too, several impressive early and older Urnfield-period burial sites with particularly rich furnishings have come to light, on both sides of the Danube, including the “Im Königreich” archaeological site at Straubing and the Unterparkstetten site (fig. 45). Ancient river-crossings over the Danube have also been identified close to the “Im Königreich” cemetery at Straubing. As well as a sword, items recovered from the excavated cremation graves included metal cake, again establishing a link to the metal industry. One of the urn graves also yielded fragments of bronze rods with hooked ends, which might have come from the box of a four-wheeled ceremonial wagon.

Abb. 46
Bronzenadel. Derartige Stücke mit umgekehrt kegelstumpfförmigem Kopf und markant gezacktem Hals haben ihr Hauptverbreitungsgebiet in Südwestdeutschland und im ostfranzösisch-schweizerischen Raum. Das 1855 in den Landshuter Isarauen geborgene Stück belegt somit weit nach Westen reichende Kontakte des mittleren Isartals um Landshut. Landshut (Niederbayern); Einzelfund; frühe Urnenfelderzeit, 13. Jh. v.Chr.; Bronze; L. 45 cm; Museen der Stadt Landshut, Inv. A 308.

46—Bronze pin. Pins of this type, with heads in the shape of truncated inverted cones and with prominent ribs encircling the neck, are mostly found in the area of southwest Germany, eastern France, and Switzerland. The discovery of this pin in the floodplain of the River Isar in Landshut in 1855 shows that the area of the middle Isar Valley had contacts far to the west. Landshut (Lower Bavaria); stray find; early Urnfield period, 13th century BC; bronze; length 45 cm; Museen der Stadt Landshut, Inv. A 308.

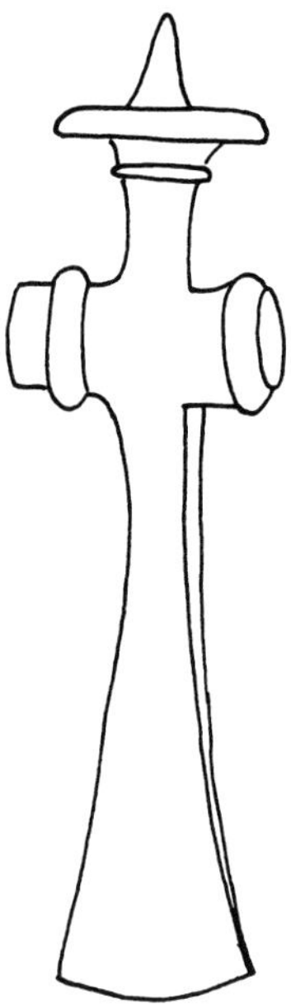

47—Bronzeaxt. Der markante scheibenförmige, hier noch mit einem Dorn versehene Nackenfortsatz ist charakteristisch für die Fundgruppe der sogenannten Nackenscheibenäxte. Die Form des Landshuter Stücks ist fast ausschließlich im Karpatenbecken zu finden. Landshut stellt den am weitesten westlich gelegenen Fundort dieses Axttyps dar, was Verbindungen in den östlichen Donauraum anzeigt. Das heute verschollene Stück wurde in den 1950er Jahren bei Bauarbeiten aus dem Kiesbett der Isar ausgebaggert. Aus der Isar in Landshut (Niederbayern); Einzelfund (Flussfund); frühe Urnenfelderzeit, 13. Jh. v.Chr.; Bronze; Maße und Verbleib unbekannt.

47—Bronze axe. Axes of this type, with striking disc-shaped extensions to the neck, are known as "disc-butted axes". This example has an additional spike. Disc-butted axes of this form are found almost exclusively in the Carpathian Basin. This one was discovered at Landshut, the most westerly known find site, demonstrating links between the area and the Danube region to the east. Now lost, the axe was dredged from the gravel bed of the River Isar during building works in the 1950s. From the River Isar in Landshut (Lower Bavaria); stray find (river find); early Urnfield period, 13th century BC; bronze; size and whereabouts unknown.

48—Bronzetasse. Zu den herausragenden Fundstücken des Urnengräberfelds Ergolding-„Mitterfeld" gehört das Bruchstück einer bronzenen Trinkschale. Die Grabbeigabe von Bronzegefäßen war der einflussreichen gesellschaftlichen Führungselite vorbehalten. Besonders eindrucksvoll ist das dreiteilige Bronzetrinkservice aus dem Wagengrab von Hart a.d. Alz (vgl. Abb. 31), das eine ähnliche Bronzetasse enthält. Ergolding (Lkr. Landshut, Niederbayern); Grabfund; frühe/ältere Urnenfelderzeit, 13./12. Jh. v.Chr.; Bronze; H. 4,4 cm; Museen der Stadt Landshut, Inv. A 511a.

48—Bronze cup. This fragment of a bronze drinking cup is one of the outstanding finds from the "Mitterfeld" urn cemetery at Ergolding. Only the influential ruling social elite had bronze vessels placed in their graves. The three-piece bronze drinking set from the Hart a.d. Alz wagon grave (see fig. 31), which includes a similar bronze cup, is a particularly impressive example. Ergolding (Landshut district, Lower Bavaria); grave find; early/older Urnfield period, 13th/12th century BC; bronze; height 4.4 cm; Museen der Stadt Landshut, Inv. A 511a.

49—Präsentation der Funde aus dem Kammergrab (Befund 76) von Grafentraubach in nachgestellter Fundlage. Die Aufnahme im Hintergrund zeigt den Befund während seiner Ausgrabung 2009. Auf dem Leichenbrand, oberhalb des Schwertfragments, fanden sich drei Bronzegewichte mit den Überresten des zugehörigen Etuis. Ein umfangreiches Keramikservice sowie ein rechts neben dem Schwert platzierter bronzener Fleischhaken spiegeln die gehobene Festkultur des Gastmahls wider, die der Verstorbene sicherlich auch zu Lebzeiten gepflegt hat. Laberweinting-Grafentraubach (Lkr. Straubing-Bogen, Niederbayern); Grabfunde; frühe Bronzezeit, 13. Jh. v.Chr.; Bronze, Keramik; größtes Schwertfragment: L. ca. 47 cm; Landkreis Straubing-Bogen, Kreisarchäologie.

49—Display of the finds from the chamber tomb (Feature 76) at Grafentraubach, arranged as they were discovered. The photograph behind shows the feature during excavation in 2009. Lying on the cremated human remains, above the sword fragment, were three bronze weights, along with remnants of the case in which they were kept. A large set of pottery vessels and a bronze meat hook, placed on the right of the sword, reflected the sophisticated banqueting culture in which the deceased must also have participated when he was alive. Laberweinting-Grafentraubach (Straubing-Bogen district, Lower Bavaria); grave finds; early Bronze Age, 13th century BC; bronze, pottery; large sword fragment: length approx. 47 cm; Landkreis Straubing-Bogen, Kreisarchäologie.

die wiederum eine Verbindung zur Metallwirtschaft herstellen. Aus einem der Urnengräber stammen außerdem stabförmige Bronzefragmente mit Hakenende, die vom Kasten eines vierrädrigen Prunkwagens stammen könnten.

Nördlich der Donau sticht dann schließlich die urnenfelderzeitliche Höhenbefestigung Bogenberg ins Auge (Abb. 12). Sie bildet die bestimmende Landmarke, an der sich die weitere Wegeführung über den Vorderen Bayerischen Wald durch die Cham-Further Senke in den böhmischen Raum bündelt.

All diese Fundstellen sind Indizien für einen während des 13. und 12. Jahrhunderts v.Chr. zwischen Landshut und Straubing durch das Tal der Kleinen Laber führenden Handelsweg. Die Anwesenheit mächtiger Eliten und die auffallenden Bezüge zu Metallverarbeitung und -handel zeigen die große Bedeutung, die dieser Route bei der Verteilung der Bronze beziehungsweise ihrer Legierungsmetalle Kupfer und Zinn zukam. Damit war sie ein wichtiger Teilabschnitt eines großen, weiträumig vernetzten, überregionalen Verkehrswegesystems. So bot die Isar, die neben den Flüssen Lech und Inn zu den wichtigsten Wasserwegen Südbayerns gehört, nach Süden eine direkte Verbindung zum Tiroler Alpenraum mit seinen reichen Kupfererzvorkommen. Nach Norden erschließen sich im Vorderen Bayerischen Wald durch die Cham-Further Senke bequeme Anschlüsse in den böhmischen Mittelgebirgsraum mit seinen Erzvorkommen. Darüber hinaus war über die Donau eine weitere wichtige Verkehrsanbindung geboten. Die Organisation und Kontrolle dieser Handels- und Kontaktnetzwerke, die letztendlich weit über Europa hinausreichten, lag in den Händen einer kleinen Schicht elitärer Machthaber, zu der auch der Wagenfahrer von Essenbach gehörte.

North of the Danube, finally, is the impressive Urnfield-period hillfort at Bogenberg (fig. 12), a defining landmark from which onward routes radiated across the Anterior Bavarian Forest, through the Cham-Furth Depression and into Bohemia.

All these archaeological sites are indications of a trade route between Landshut and Straubing via the valley of the Kleine Laber during the 13th and 12th centuries BC. The presence of powerful elites and the striking references to metal processing and trading demonstrate its importance for the distribution of bronze, or its alloy metals, copper and tin. The route was thus a small but important section of a large, widely branching, supra-regional transport system. The Isar, along with the Lech and Inn one of the most important waterways of southern Bavaria, offered a direct route to the Tyrolean Alps and their rich copper deposits. To the north, convenient onward routes opened up via the Anterior Bavarian Forest and the Cham-Furth Depression to the central uplands of Bohemia and their ore deposits. The Danube offered another important traffic route. The organization and control of these trade and contact networks, ultimately stretching right across Europe, lay in the hands of a small class of elite rulers, to which the wagon-driver of Essenbach also belonged.

50—Gussform für stabförmige Barren. Die Siedlung Geiselhöring-„Im Burgenfeld“ wurde durch eine Brandkatastrophe zerstört. Die stark beschädigte, aus Sandstein gefertigte Gussform entsorgte man zusammen mit Brandschutt in einer Grube. In der Grube fanden sich auch die Skelette dreier erwachsener Personen und eines Kindes, die im Zuge der Katastrophe ums Leben gekommen sein dürften. Geiselhöring (Lkr. Straubing-Bogen, Niederbayern); Siedlungsfund; frühe/ältere Urnenfelderzeit, 13./12. Jh. v.Chr.; Sandstein; L. ca. 26 cm, B. ca. 28 cm, H. ca. 7 cm; Gäubodenmuseum Straubing, Bef. 3070/Geiselhöring-„Im Burgenfeld“.

50—Mold for casting rod-shaped ingots. The settlement excavated at the “Am Burgenfeld” archaeological site at Geiselhöring had been destroyed by fire. This badly damaged sandstone mold had been disposed of in a pit, along with debris from the conflagration. The pit also contained the skeletons of three adults and a child, who must have lost their lives in the catastrophe. Geiselhöring (Straubing-Bogen district, Lower Bavaria); settlement find; early/older Urnfield period, 13th/12th century BC; sandstone; length approx. 26 cm, width approx. 28 cm, height approx. 7 cm; Gäubodemuseum Straubing, Bef. 3070/Geiselhöring-„Im Burgenfeld“.

Die letzte Fahrt

Vogel, Sonne, Barke –
Die Religion der Urnenfelderzeit

Da es aus der mitteleuropäischen Bronzezeit keine schriftliche Überlieferung gibt, sind Einblicke in die religiöse Vorstellungswelt der Menschen nur schwer möglich. Rückschlüsse lassen sich jedoch über die religiöse Symbolik gewinnen. Religiöse Zeichen begegnen in Form von Schmuckstücken oder bildlichen Verzierungen auf Gefäßen und Geräten, wie etwa auf Waffen. Sie liegen häufig aus Grabzusammenhang vor.

Detailliertere Einblicke in Religion und Kult sind in den vorderorientalischen Kulturen und Ägypten möglich, wo auch Texte und Bilderzählungen Auskunft geben. Eine besondere Bedeutung hatten Sonne und Himmel als bedeutendste Erscheinungen göttlicher Wirkmächtigkeit. Symbole, wie Sonne und Mondsichel, die in ihrer Darstellungsweise variieren konnten, dienten zur Bezeichnung der damit verbundenen Gottheiten. So verwendete man scheiben- und radförmige Symbole, auch in Kombination mit Flügeln, zur Darstellung der Sonnengottheit. Auch Tiere waren wichtige Bedeutungsträger und Erscheinungsformen von Göttlichkeit. So begegnen Vögel, die eine Mittlerrolle zwischen irdischer Menschenwelt und göttlicher Sphäre einnahmen, und Rinder, auch in verkürzter Darstellung als Gehörn, die

The Final Journey

Bird, Sun, Barque –
The Religion of the Urnfield Period

Since we have no written records of the Central European Bronze Age, it is hard to gain an insight into people's religious beliefs. It is possible, however, to draw some conclusions from their religious symbolism. Religious symbols are found in the form of items of jewelry and pictorial representations on vessels, weapons, and other implements, often in funerary contexts.

In the case of the civilizations of Egypt and the ancient Near East, however, where we also have information from texts and pictorial narratives, detailed insights into cultic and religious practices are possible. We know that the sun and the moon had special significance as the most important manifestations of the power of the gods. The deities associated with them were represented by sun- and crescent-moon-shaped symbols, in various forms. For example, disc- and wheel-shaped symbols, sometimes combined with wings, were used to represent the sun god. Animals were also important messengers or outward forms of divinity. Birds, for example, acted as intermediaries between the earthly, human world and the sphere of the divine. Oxen, sometimes simply represented by a pair of horns, also had a mythological association with the heavenly

51—Goldhut von Ezelsdorf/Buch (Detail). Der Hut ist auf seiner gesamten Höhe mit horizontalen Dekorbändern versehen. Besonders ins Auge fallen die scheibenförmigen Kreis- und Speichenradmotive, die sich unschwer als Sonnensymbole deuten lassen. Eine Besonderheit stellen Zierbänder dar, die das Motiv eines in horizontale Zonen unterteilten Kegels wiederholen. Eine Interpretation als miniaturhafte Abbildungen von Gold- bzw. Kegelhüten ist wohl kaum von der Hand zu weisen. Die Darstellung macht deutlich, dass diesen Hüten mehr als nur die Bedeutung und Funktion einer Kopfbedeckung zukam. Vielmehr besaß die markante Form selbst Symbolkraft als religiöses Zeichen. Wahrscheinlich waren die Träger der Goldhüte in besonderer Weise mit dem darüber hinausweisenden Sinngehalt verbunden. Burgthann-Ezelsdorf und Postbauer-Heng, Ortsteil Buch (Lkr. Nürnberger Land, Mittelfranken und Lkr. Neumarkt in der Oberpfalz); Einzelfund; Urnenfelderzeit, 1300–800 v.Chr.; Gold, Bronze (eingearbeiteter Verstärkungsring am Übergang Kalotte und Krempe); H. 88,5 cm; Germanisches Nationalmuseum, Inv. Vb 8007.

51—The Golden Hat of Ezelsdorf/Buch (detail). The hat is embellished from top to bottom with horizontal bands of decoration. The circle and spoked-wheel motifs are particularly conspicuous and can be readily interpreted as sun symbols. There are also bands of distinctive conical motifs, divided into horizontal bands. An obvious interpretation is that these are miniature representations of golden or conical hats. The hat must therefore have been far more than a mere headdress. In fact, its striking shape probably possessed a powerful religious symbolism of its own. It is likely that the wearers of these hats were themselves associated in some special way with this symbolic meaning. Burgthann-Ezelsdorf and Postbauer-Heng, Buch (Nürnberger Land district, Middle Franconia and Neumarkt district, Upper Palatinate); stray find; Urnfield period, 1300–800 BC; gold, bronze (reinforcement ring affixed at transition between calotte and brim); height 88.5 cm; Germanisches Nationalmuseum, Inv. Vb 8007.

in mythologischem Zusammenhang mit der Himmelssphäre standen. Erstaunlich ähnliche Symbole finden sich auch westlich ihres vorderorientalischen Ursprungsgebiets. Ihren Weg in das Gebiet der mitteleuropäischen Bronzezeit sowie nach Nord- und Westeuropa fanden sie über den östlichen Mittelmeerraum und das mittlere Donaugebiet, wo sie schon früher nachweisbar sind. Ähnlich wie bei technischen Errungenschaften darf somit auch ein Austausch und Transfer religiöser Symbolik und Vorstellungen vorausgesetzt werden. Dennoch ist nicht zwangsläufig von einer unveränderten Übernahme fremder Glaubensinhalte auszugehen. Vielmehr können neue bildliche Zeichen und Ideen auch in das eigene bestehende Glaubenssystem integriert und an die eigene Vorstellungswelt angepasst worden sein.

Bildliche Darstellungen stellen in der mitteleuropäischen Bronzezeit eine Seltenheit dar und beschränken sich auf religiöse Zeichen. Zu den geläufigen religiösen Symbolen der Urnenfelderzeit gehören das Sonnenscheiben- beziehungsweise Speichenradmotiv (Abb. 27, 51), das auch schon in der vorhergehenden Hügelgräberbronzezeit Verwendung fand. Dazu treten Mondsicheln und Hörner (Abb. 37, 52) sowie Vögel, deren häufig löffelartig gebogene Schnabelform auf Wasservögel, wie Enten und Schwäne, schließen lässt (Abb. 32, 53). Häufig wurden diese Motive auch zu Mischwesen kombiniert, wie etwa mit Rinderhörnern ausgestattete Wasservögel (Abb. 54). Ein ganz zentrales Motiv der Urnenfelderkultur ist die Vogelbarke, zwei in entgegengesetzte Richtungen blickende Vögel, die so aneinandergefügt sind, dass sie ein Schiff, die sogenannte Vogelbarke, formen. Besonders am Ende der Urnenfelderzeit und in der nachfolgenden Eisenzeit wurde die Vogelbarke häufig um ein kreisförmiges Sonnen- oder Radsymbol zur Vogelsonnenbarke (Abb. 37, 55) erweitert.

Sind diese Zeichen für uns heute kaum zu entschlüsseln, so waren sie für die eingeweihten Menschen der Urnenfelderzeit selbstverständliche, assoziativ erfassbare Symbole für die dahinterstehende komplexe Glaubenswelt und die damit verbundenen Inhalte und Mythen. So wie zum Beispiel für Christen und

realm. Astonishingly similar symbols are found to the west of this ancient Near Eastern area of origin. They made their way into Central, Northern, and Western Europe via the Eastern Mediterranean and the middle Danube region, where the earliest evidence of their use in Bronze-Age Europe can be found. Presumably, religious symbols and ideas were transferred and exchanged in the same way as technical advancements. Yet this does not necessarily mean that foreign beliefs were adopted unaltered. It is much more likely that people integrated new ideas and visual symbols into their own existing belief systems and adapted them to their own conceptual worlds.

Pictorial representations from the Central European Bronze Age are rare and all of them are religious symbols. Amongst the most common from the Urnfield period are sun-disc or spoked-wheel motifs (figs. 27, 51), symbols that had already been in use in the previous Tumulus Culture. Crescent moons and horns (figs. 37, 52) are also common, along with birds, whose often spoon-shaped beaks suggest waterfowl, such as ducks or swans (figs. 32, 53). These motifs are often also combined to create hybrid creatures; horned waterfowl, for example (fig. 54). A very important Urnfield Culture motif was the so-called bird-barque: two birds facing in opposite directions and joined together so as to form a boat. Particularly in the late Urnfield period and subsequent Iron Age, a circular sun or wheel symbol was often added to the bird-barques, turning them into so-called Vogelsonnenbarken or “bird-sun-barques” (figs. 37, 55).

We may find these symbols puzzling, but for the people of the Urnfield period, they were self-evident and associatively comprehensible representations of a complex underlying belief-world and its associated meanings and myths. Just as the entire Christian story of redemption is summed up for Christians by the symbol of the cross, so these religious symbols would have conveyed a whole wealth of meaning for the people of the Urnfield Culture. By using them as jewelry pendants or motifs on decorated surfaces, people were invoking their protection, or rather, the protection of

52—Horn- oder mondsichelförmiges Keramikobjekt aus der befestigten Höhensiedlung Hesselberg in Mittelfranken. Solche plastischen Objekte werden aufgrund ihrer typischen Form meist als Mondidole bezeichnet. Sie stammen, wie das Stück vom Hesselberg, meist aus urnenfelderzeitlichen Siedlungen. Ihre religiöse Symbolik legt eine Verwendung im Rahmen kultischer Handlungen nahe. Hesselberg (Lkr. Ansbach, Mittelfranken); Siedlungsfund; Urnenfelderzeit, 1300–800 v.Chr.; Keramik; L. 26 cm, H. 16,3 cm; Germanisches Nationalmuseum, Inv. Vb 8734.

52—Pottery object in the shape of a horn or a crescent moon from the fortified hilltop settlement of Hesselberg in Middle Franconia. Because of their characteristic shape, sculptural artifacts of this type have been dubbed "moon idols." Most of them, like this example from Hesselberg, have been found in Urnfield-period settlements. The religious symbolism of their shape suggests they were used for cultic ceremonies. Hesselberg (Ansbach district, Middle Franconia); settlement find; Urnfield period, 1300–800 BC; pottery; length 26 cm, height 16.3 cm; Germanisches Nationalmuseum, Inv. Vb 8734.

53—Hornförmige Aufstecktülle mit eingezapftem Vogelfigürchen und Aufsteckvögelchen aus dem Wagenbefund von Königsbronn. Der Wasservogel gehört zu den wichtigsten urnenfelderzeitlichen Symbolen. Als Wesen, das sich in verschiedenen Elementen bewegt, steht er für die Verbindung von inner- und außerweltlicher Sphäre. Er vermittelt zwischen Diesseits und Jenseits sowie irdischer und göttlicher Welt. Horntüllen gehören zu den typischsten Bestandteilen der urnenfelderzeitlichen Prunkwagen. In entgegengesetzte Richtung weisend am Wagen angebracht (vgl. Abb. 33), verleihen sie ihm die symbolische Bedeutung einer Barke. Gelegentlich wurden die Horntüllen auch mit Vogelfigürchen versehen und der Wagen somit als Vogelbarke inszeniert. Das spitze Ende der Königsbronner Tülle greift die Form der urnenfelderzeitlichen Kegelhüte auf. Königsbronn (Lkr. Heidenheim, Baden-Württemberg); Grabfund oder Grabdepot; frühe Urnenfelderzeit, 13. Jh. v.Chr.; Bronze; Horntülle: L. 9,1 cm; Landesmuseum Württemberg, Stuttgart, Inv. V 72,9.

53—Bird-shaped attachments and a horn-shaped socket with a little bird attachment fixed to the top of it, from the Königsbronn wagon feature. The waterfowl was one of the most important symbols of the Urnfield period. As creatures at home in different elements, waterfowl represented the link between the inner and outer worlds. The bird carried messages between the present life and the afterlife, between the earthly world and the world of the gods. Horn socket attachments are among the most characteristic components of Urnfield-period ceremonial wagons. Fixed to the front and back of the wagon, pointing in opposite directions (see fig. 33), they gave it the symbolic appearance of a barque. Sometimes the horn sockets were adorned with little figurines of birds, turning the wagon into a 'bird-barque.' The pointed end of the Königsbronn socket echoes the shape of the Urnfield conical hats. Königsbronn (Heidenheim district, Baden-Württemberg); grave find or funerary deposit; early Urnfield period, 13th century BC; bronze; horn socket: length 9.1 cm; Landesmuseum Württemberg, Stuttgart, Inv. V 72,9.

54—Aufstecktülle in Form eines gehörnten Wasservogels. Interessant ist ein Vergleich der in horizontale Zonen unterteilten Hornaufsätze des Vogelrinds mit entsprechenden kegelförmigen Darstellungen auf dem Goldhut von Ezelsdorf/Buch (Abb. 18, 51; vgl. auch 53), für die eine Deutung als Hüte naheliegt. Demnach trägt das aus Gammertingen in Baden-Württemberg stammende Vogelrind Gold- bzw. Kegelhüte auf seinen Hörnern, was den schon durch den Wasservogel und das Gehörn ausgedrückten religiösen Symbolgehalt noch unterstreicht. Gammertingen (Lkr. Sigmaringen, Baden-Württemberg); Grabfund; ältere/mittlere Urnenfelderzeit, 12./11. Jh. v.Chr.; Bronze, H. 5 cm, B. 2,5 cm; Landesmuseum Württemberg, Stuttgart, Inv. V 82,3.

54—Socket attachment in the shape of a horned waterfowl. It is interesting to compare the horizontally segmented cones on the creature's horns with the conical motifs on the Golden Hat of Ezelsdorf/Buch (figs. 18, 51; see also fig. 53), which can probably be interpreted as hats. Therefore, this horned bird from Gammertingen in Baden-Württemberg is wearing golden or conical hats on its horns, adding yet another layer to the religious horn and waterfowl symbolism. Gammertingen (Sigmaringen district, Baden-Württemberg); grave find; older/middle Urnfield period, 12th/11th century BC; bronze, height 5 cm, width 2.5 cm; Landesmuseum Württemberg, Stuttgart, Inv. V 82,3.

55—Bronzekessel (Detail) mit mehreren in Punktbuckeln eingepunzten Darstellungen von Vogelsonnenbarken. Unterhalb des Henkelrings ist der längliche, nach unten hin ausbauchende Schiffskörper mit seinen als Wasservogelköpfe ausgeformten Enden, die in entgegengesetzte Richtung blicken, zu erkennen. Im Zentrum der Barke befindet sich die runde Sonnenscheibe, die von der Barke durch den Tag- und Nachthimmel transportiert wird. Przyłęg (Powiat strzelecko-drezdenecki, Województwo lubuskie), Polen; Depotfund; jüngere Urnenfelderzeit, 11./10. Jh. v.Chr.; Bronze; Kessel: H. 43 cm, Dm. ca. 44 cm; Germanisches Nationalmuseum, Inv. Vb 8961.

55—Bronze cauldron (detail) with several images of bird-sun-barques in raised punched relief. Looking closely underneath the annular handle, one can make out the elongated, downward-bulging body of the boat, its prow and stern shaped like the heads of waterfowl facing in opposite directions. In the center is the round sun-disc, which the barque is transporting through the day and night sky. Przyłęg (Powiat strzelecko-drezdenecki, Województwo lubuskie), Poland; hoard find; younger Urnfield period, 11th/10th century BC; bronze; cauldron: height 43 cm, diameter approx. 44 cm; Germanisches Nationalmuseum, Inv. Vb 8961.

Christinnen das Symbol des Kreuzes die ganze damit verbundene Heilsgeschichte der christlichen Religion zum Ausdruck bringt, so waren auch die urnenfelderzeitlichen Symbole den damaligen Menschen vertraut und in ihrem ganzen Bedeutungsumfang verständlich. Mit der Verwendung dieser heiligen Zeichen, etwa als Schmuckanhänger oder als Motive auf Bildträgern, wollte man sich unter den Schutz dieser Symbole beziehungsweise der damit verbundenen Mächte und Gottheiten stellen.

Für die Urnenfelderkultur lässt sich eine zentrale religiöse Bedeutung der Sonne erschließen, ähnlich wie in Ägypten, wo schon seit der Zeit des Alten Reichs (ca. 2700–2200 v.Chr.) der Sonnengott Re die höchste Verehrung genoss. So unternimmt der Sonnengott in der Vorstellungswelt der Ägypter eine sich immer wiederholende tägliche Reise, wobei er in seiner Sonnenbarke den Taghimmel, in der Nachtbarke die Unterwelt durchquert. Die religiöse Idee der mythischen Sonnenreise lässt sich anhand von Darstellungen ähnlich auch für die bronzezeitlichen Religionen in Nordeuropa und

the powers and deities with which they were associated.

We can deduce that the sun held a central religious significance for the Urnfield Culture, just as it did in Egypt, where the sun god Ra had been worshipped as the supreme deity since the time of the Old Kingdom (c. 2700–2200 BC). In the conceptual world of the Egyptians, the sun god undertook a forever-repeating journey, crossing the sky by day in his sun barque, traveling through the underworld by night in his night barque. From Bronze-Age images from Northern Europe and the area of the Urnfield Culture, we can trace a similar religious concept of the sun and its mythical journey. Here, too, the sun traveled constantly across the day and night skies, and, again, his means of transport was a boat. The ends of the boat were often shaped like birds' heads, identifying it as a bird-barque. The sun's regular course was an expression of the supreme divine power and the cosmological order that emanated from it. Its rising and setting, the alternation between light and dark, was linked

der Urnenfelderkultur rekonstruieren. Auch hier vollzieht die Sonne eine tägliche Reise über den Tag und Nachthimmel, wobei ihr als Transportmittel ebenfalls ein Schiff dient. Vogelkopfförmige Enden, wie sie im Verbreitungsgebiet der Urnenfelderkultur typisch sind, kennzeichnen es oft als Vogelbarke. Mit ihrem regelmäßigen Lauf war die Sonne Ausdruck höchster göttlicher Kraft sowie der davon ausgehenden kosmologischen Ordnung. Mit ihrem Auf- und Untergang, dem Wechsel von Licht und Dunkel, verbinden sich die verlässlichen und ewigen Zyklen der Zeit: Tag und Nacht, der Wechsel der Jahreszeiten mit Aussaat und Ernte, Geburt und Tod, der Fortbestand der Welt.

Mit dem Sonnenkult lassen sich auch die urnenfelderzeitlichen Goldhüte (Abb. 18, 51) in Verbindung bringen. Die in horizontalen Bändern eingepunzten Kreismuster sowie das Bewegung ausdrückende Speichenradkreuz lassen sich unschwer als Sonnensymbole identifizieren. Das zu ihrer Herstellung verwendete unvergängliche und exklusive Material Gold, das zudem die Farbe und den Glanz der Sonne aufweist, legt nahe, dass die Hüte bei rituellen Handlungen und Feierlichkeiten von ausgewählten Personen mit priesterlicher Funktion, die als Vermittler zwischen irdischer und göttlicher Welt agierten, getragen wurden. Wie im Alten Ägypten, wo eine besonders enge Beziehung zwischen Sonnenkult und Königtum bestand, standen sicher auch in der Urnenfelderkultur politische und religiöse Macht in enger Verbindung.

to the reliable and eternal cycles of time: day and night, the seasonal cycle of seedtime and harvest, birth and death – guaranteeing the continuing existence of the world.

The Urnfield-period golden hats (figs 18, 51) can also be associated with the cult of the sun. Their punched circular patterns and spoked-wheel crosses, signifying movement, can readily be identified as sun symbols. The fact that they are made of gold, with its exclusive and imperishable qualities and sun-like color and brilliance, suggests that they may have been worn by individuals who were selected for priestly functions, performing ritual acts and ceremonies in which they acted as mediators between the earthly and divine worlds. As in ancient Egypt, where the association between the cult of the sun and kingship was particularly close, there was undoubtedly a close link between political and religious power in the Urnfield Culture.

Speis und Trank, Schall und Rauch – Der Kontakt mit den höheren Mächten

Die Mittel und Wege, um mit den göttlichen Mächten in Verbindung zu treten, waren vielfältig. Neben Opferdeponierungen (vgl. „Depotfunde", S. 34–35) kennt man aus der Bronzezeit auch Brandopferplätze. Sie waren vor allem im Alpenraum verbreitet. Reste von Tierknochen und Keramik zeigen, dass hier sowohl Tieropfer dargebracht als auch gemeinschaftliche Mahlzeiten abgehalten wurden. Die für Speise und Trank benutzten Keramikgefäße wurden nach ihrer Verwendung zerschlagen und am Ort belassen. Das Zertrümmern von Keramik war auch Teil von Opferungen, die auf markanten Felstürmen vollzogen wurden. Dabei wurden mit Speise- und Trankopfern gefüllte Gefäße in die Tiefe geworfen.

Ähnliche Vorgänge waren auch Teil des Bestattungsritus. Aus den Wagengräbern liegen mitunter umfangreiche Geschirrservice vor. Sie bestehen meist aus Keramik, in seltenen Fällen handelt es sich um Metallgefäße. Zerschlagen beigegebene Gefäße deuten auf ein gemeinsames Totenmahl und rituelle Handlungen, wie das Ausgießen von Trankspenden, hin. Gefäße, die nicht auf dem Scheiterhaufen mitverbrannt oder absichtlich zerbrochen wurden, dürften Speise- und Trankbeigaben enthalten haben. Besonders wichtig war das Trinkgeschirr. Dies zeigt vor allem das Wagengrab von Hart a.d. Alz. Dort fanden sich drei prunkvolle, unversehrte Bronzeblechgefäße (Abb. 31). Die Zusammensetzung des aus einem Kessel, einem Sieb und einer Trinkschale bestehenden Sets ist der Mittelmeerwelt entlehnt, wo es üblich war, beim Gastmahl gewürzten Wein aufzutragen. Die besondere sakrale Bedeutung der beigegebenen Flüssigkeit unterstreicht insbesondere die Fundgruppe der bronzenen Kesselwagen (Abb. 56). Kennzeichnend für sie sind die Montage des für den Trank bestimmten Behälters auf ein Gestell mit Rädern sowie ihre Ausstattung mit religiöser Symbolik. Derartige Gefäße finden sich seit Beginn der Urnenfelderzeit vereinzelt in den Gräbern der Führungselite. Vielleicht sollte der dem Verstorbenen beigegebene heilige Trank eine besondere Nähe zu den Ahnen

Food and Drink, Noise and Smoke – Contact with the Higher Powers

There were many and varied ways of contacting the divine powers. As well as sacrificial deposits (see "Hoards", pp. 34–35), we also know of Bronze-Age sites where burnt sacrifices were made. They are particularly widespread in the Alpine area. Remains of animal bones and pottery show that they were used for both animal sacrifices and communal feasts. After the feasts, the pottery vessels for food and drink were smashed and left behind at the site. Pottery was also smashed during the sacrificial ceremonies. These were performed on prominent rocky outcrops, from where vessels filled with food and drink were thrown into the depths below.

Similar practices also took place during funerary rites. Sets of crockery are found in wagon graves, some consisting of numerous pieces. Usually, they are examples of pottery, and in rare cases are made of metal. Broken grave-good vessels are evidence of communal funerary feasts and ritual acts, such as libations. Vessels that were not placed on the funeral pyre or deliberately broken must have contained grave gifts of food and drink. Drinking utensils were especially important, as best demonstrated by the wagon grave from Hart a.d. Alz, where three magnificent, undamaged bronze vessels were unearthed (fig. 31). The composition of the set, which consisted of a cauldron, a sieve, and a drinking cup, was borrowed from the Mediterranean world, where it was the custom to serve spiced wine at banquets. The special, sacral significance of the liquid for the dead is particularly underlined by a category of finds known as "cauldron carts" (fig. 56). In these objects, the vessel for holding the liquid is mounted on a wheeled chassis, decorated with religious symbols. Vessels of this type are occasionally found in elite graves from the beginning of the Urnfield period onwards. Perhaps the offering of a sacred liquid was meant to draw the deceased especially close to the ancestors or higher powers, at the same time strengthening and legitimizing the status of the surviving relatives. The Essen-

56—Kesselwagen aus Acholshausen. Mit seinen in entgegengesetzte Richtung blickenden Vogelkopfenden greift der Miniaturwagen die Idee der Vogelbarke auf. Wie die vierrädrigen Prunkwagen finden sich auch die bronzenen Kesselwagen nur in Gräbern der mächtigen Führungselite. Sie stellen keinen Ersatz für die realen Wagen dar, sondern sind als Gefäßbeigabe zu verstehen. Als Kult- oder Ritualgefäße kamen sie bei sakralen Handlungen und in letzter Bestimmung bei der Bestattung zum Einsatz. Gaukönigshofen-Acholshausen (Lkr. Würzburg, Unterfranken); Grabfund; mittlere Urnenfelderzeit, 11. Jh. v. Chr.; Bronze; L 18 cm, H. 12 cm; Leihgabe der Stadt Würzburg im Museum für Franken – Staatliches Museum für Kunst- und Kulturgeschichte in Würzburg, Inv. S. 70484.

56—Cauldron cart from Acholshausen. With its birds' heads facing in opposite directions, the miniature wagon echoes the concept of the bird-barque. Like the four-wheeled ceremonial wagons, bronze cauldron carts are only found in the graves of the powerful ruling elite. They were not intended to be substitutes for real wagons but were, in fact, grave-good vessels – cultic or ritual vessels for sacred ceremonies like the burial rites. Gaukönigshofen-Acholshausen (Würzburg district, Lower Franconia); grave find; middle Urnfield period, 11th century BC; bronze; length 18 cm, height 12 cm; loaned by the municipality of Würzburg to Museum für Franken – Staatliches Museum für Kunst- und Kulturgeschichte in Würzburg, Inv. S. 70484.

oder höheren Mächten herstellen und damit auch den Status der Hinterbliebenen festigen und legitimieren. Auch das Essenbacher Wagengrab enthielt Keramikgeschirr (Abb. 57). Die zerschlagenen Gefäße im Zentrum des Grabs lassen sich rituellen Handlungen, wie Trankspenden und dem Totenmahl, zuordnen. In der nördlichen Kammerecke fand sich eine auf dem Goldring und dem Rasiermesser abgestellte, unversehrte Trinkschale. Ein weiterer vollständig beigegebener größerer Behälter, der wohl die Trankbeigabe enthielt, lag auf der gegenüberliegenden Seite, im Bereich der südlichen Kammerecke.

Düfte und Klänge waren ebenfalls feste Bestandteile der religiösen Lebenswelt, doch entziehen sie sich meist der archäologischen Nachweisbarkeit. Für den Vorderen Orient und Ägypten bieten wiederum Schriftquellen und Bilddarstellungen gewisse Einblicke. Sie belegen etwa die Verwendung von wohlriechenden Salben und Ölen bei der Einbalsamierung der Toten oder die Darbringung von Rauchopfern, für die man Duftstoffe, wie Weihrauch und Myrrhe, verwendete, um über den aufsteigenden Rauch mit den Göttern in Kommunikation zu treten. Ähnliche Praktiken haben sicher auch in der Urnenfelderkultur eine Rolle gespielt.

Nur schwer nachzuvollziehen ist auch der Klangraum, der rituellen Handlungen jeglicher Art auch eine unüberhörbare akkustische Dimension verlieh. Sichere Belege für die Bedeutung von Musik liegen für die Nordische Bronzezeit (1800–530 v.Chr.) in Skandinavien und Norddeutschland vor. Dort waren bronzene Luren, imposante, s-förmig gebogene Naturhörner, in Gebrauch. Sie stammen meist aus kultischen Depotfunden. Da sie in der Regel paarweise deponiert wurden, dürften sie auch so gespielt worden sein. Dies legen auch Darstellungen auf Steinbildern nahe (Abb. 30, 58). Einige der Luren waren mit Rasselblechen versehen, die dem Hornton ein weiteres Klangelement hinzugefügt haben. Aus dem Verbreitungsgebiet der bronze- und eisenzeitlichen Lausitzer Kultur (1300–500 v.Chr.) im nordöstlichen Mitteleuropa liegen zahlreiche Funde von vogelförmigen Rasseln vor (Abb. 59). Steinchen oder gebrannte Tonkügelchen im Inneren der

bach wagon grave also contained pottery (fig. 57). The smashed vessels in the center of the grave can be categorized as pottery associated with ritual acts, such as libations, and the funerary feast. In the northern corner of the chamber, placed on top of the gold ring and the razor, was an undamaged drinking cup. A large vessel, also complete when deposited and probably containing a liquid, lay on the opposite side, near the southern corner of the chamber.

Smells and sounds were other intrinsic elements of the religious world, although usually hard to prove archaeologically. Certain insights are afforded, however, by written sources and pictorial representations from the ancient Near East and Egypt. These provide evidence, for example, of the use of aromatic oils and ointments for embalming the dead, and of the presentation of smoke offerings; that is, the burning of fragrant substances, like frankincense and myrrh, in order to communicate with the gods via the rising smoke. It can be assumed that similar practices would also have played a role in the Urnfield Culture.

The transient nature of sound also means that we have little archaeological evidence to give us an insight into the acoustic dimension to ritual acts, although there can be little doubt that sound, too, would have played a part in them. We have definite proof of the importance of music in the Nordic Bronze Age (1800–530 BC), in Scandinavia and northern Germany, where bronze lurs – imposing, serpentine-shaped natural horns (horns without finger holes) – were used. They are mostly found in cultic hoards. Since they are usually found in pairs, they were presumably played in pairs, as also suggested by illustrations in rock paintings (figs. 30, 58). Some of the lurs also had pendent metal plates, adding another acoustic element to the sound of the horn. In the distribution area of the Bronze- and Iron-Age Lusatian Culture (1300–500 BC), in the northeastern part of Central Europe, numerous bird-shaped rattles have been discovered (fig. 59). Small stones or little balls of fired clay rattled inside their hollow bodies. Being largely retrieved from graves, they were

57—Keramik aus dem Essenbacher Wagengrab nach der Restaurierung. Der große kesselartige Topf und die gehenkelte Schale wurden dem Grab unversehrt beigegeben. Sie dienten wohl als Trinkgeschirr. Während der Kessel das Getränk enthielt, diente die Schale zum Trinken. Die übrigen, aufwendig verzierten Gefäße wurden im Zuge der Bestattungsfeierlichkeiten zerschlagen und in Scherben im Grab niedergelegt. Essenbach (Lkr. Landshut, Niederbayern); Grabfund; frühe Urnenfelderzeit, 13. Jh. v.Chr.; Keramik; Kessel: H. ca. 23,5 cm; Germanisches Nationalmuseum, Inv. FG 3023,0.

57—Pottery from the Essenbach wagon grave, after conservation. The largest, cauldron-like pot and the cup with a handle were deposited in the grave undamaged. They were probably drinking utensils. The cauldron would have contained the liquid that was subsequently served in the cup. The other vessels with elaborate decorations were smashed during the burial ceremonies and intentionally deposited in the grave as sherds. Essenbach (Landshut district, Lower Bavaria); grave find; early Urnfield period, 13th century BC; pottery; cauldron: height approx. 23.5 cm; Germanisches Nationalmuseum, Inv. FG 3023,0.

Hohlkörper sorgten für den Klang. Da sie häufig aus Gräbern stammen, liegt ein Gebrauch bei den Bestattungsfeierlichkeiten nahe. Aus der Urnenfelderkultur kennt man metallene Rasselgehänge in verschiedener Form und Ausführung. Als Klangelemente könnten auch die lanzettförmigen Zieranhänger aus dem Wagengrab von Poing (Abb. 41) gedient haben. Sie könnten den Wagen beziehungsweise das in Bewegung befindliche Gespann selbst zum Klangkörper gemacht haben. Völlig einzigartig ist eine bronzene Rassel, ein sogenanntes Sistrum, aus Hochborn in Rheinland-Pfalz (Abb. 60). Die Klangerzeugung erfolgt durch Schütteln, wobei die Bleche gegeneinander und an den Rahmen schlagen. Zwar sind die in das Stück eingehängten Klangbleche typisch für die Urnenfelderkultur, doch findet sich kein vergleichbares Instrument in deren Verbreitungsgebiet. Ähnliche Sistren waren hingegen in den vorderorientalischen Kulturen und besonders in Ägypten (Abb. 61) verbreitet, wo das Instrument eine lange Tradition aufweist. Zum Einsatz kam es dort vor allem bei Bestattungszeremonien sowie im Kult der Hathor, die unter anderem als Himmels- und Totengottheit verehrt wurde. Viele der in der Bronzezeit verwendeten Instrumente dürften auch aus organischen Materialien, wie Holz, Knochen und Horn bestanden haben, so dass sie die Jahrtausende im Boden nicht überdauert haben. Auch wenn die überlieferten Belege spärlich sind, so waren urnenfelderzeitliche Bestattungsfeiern wohl kaum ohne musikalischen Rahmen denkbar.

probably used in the burial ceremonies. From the Urnfield Culture we have metal rattle pendants of various shapes and sizes. The lancet-shaped decorative pendants from the Poing wagon grave (fig. 41) could also have served an auditory function. When in motion, they could have turned the wagon, together with its team of horses, into resonating instruments. Completely unique is a bronze rattle of a type known as a sistrum from Hochborn in Rheinland-Pfalz (fig. 60). The sound is made by shaking, causing the metal pieces to strike each other and the frame. Although the percussive metal pieces are typical of the Urnfield Culture, no comparable instrument has been found anywhere else in the Urnfield area of distribution. Similar sistrum rattles were well known, however, in the civilizations of the ancient Near East and especially in Egypt (fig. 61), where the instrument had a long tradition. In Egypt it was mostly used in burial ceremonies and in the cult of Hathor, who was worshipped, amongst other things, as a deity of the sky and the dead. Many of the instruments used in the Bronze Age must have been made of organic materials, like wood, bone, and horn, which would not have survived the millennia in the ground. Despite the sparse surviving evidence, it is almost unimaginable that Urnfield-period burial ceremonies would have taken place without some form of musical accompaniment.

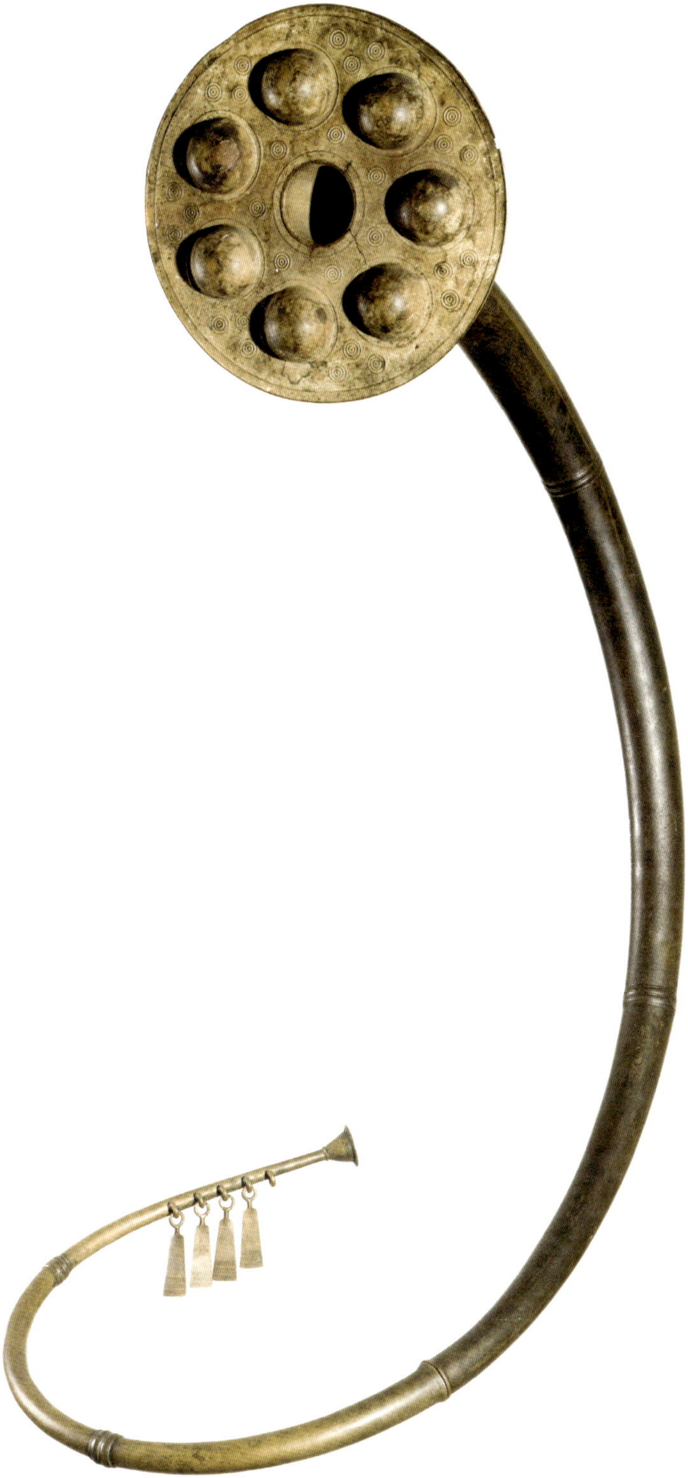

58—Lure. Das Blasinstrument wurde zusammen mit fünf weiteren Luren 1797 beim Torfstechen im dänischen Moor von Brudevælte gefunden. Aufgrund ihres guten Erhaltungszustands waren die Instrumente noch spielbar. Sie bilden drei Instrumentenpaare mit unterschiedlicher Stimmung. Die zusammengehörenden Paare sind zwar in der gleichen Tonart gestimmt, weisen jedoch eine spiegelverkehrte Biegung auf. Die Luren wurden aus mehreren separat gegossenen Teilen zusammengefügt. Ihre Herstellung erforderte höchste handwerkliche Präzision. Brudevælte bei Lynge (Sorø Kommune, Region Sjælland), Dänemark; Depotfund; Nordische Jüngere Bronzezeit, 11.–8. Jh. v.Chr.; Bronze; L. ca. 115 cm, ca. 3 kg; Nationalmuseet i København, Inv. 8114.

58—Lur. This wind instrument was found with five others in 1797 during peat extraction in the Brudevælte Mose bog in Denmark. The lurs were so well preserved that they could still be played. They formed three pairs, with each pair tuned to a different pitch and the respective horns curved in opposite directions. The instruments were assembled from several pieces that were separately cast, a feat of craftsmanship requiring the utmost precision. Brudevælte near Lynge (Sorø Kommune, Region Sjælland), Denmark; hoard find; late Nordic Bronze Age, 11th–8th century BC; bronze; length approx. 115 cm, weight approx. 3 kg; Nationalmuseet i København, Inv. 8114.

59—Vogelförmige Rassel. Die Klangerzeugung erfolgte durch Schütteln des mit Steinchen oder Keramikkügelchen gefüllten Objekts. Die Keramikrasseln der in Ostdeutschland und Polen verbreiteten Lausitzer Kultur weisen eine große Formenvielfalt auf. So begegnen neben den Vogelrasseln auch Stücke in Kugel- oder Eiform, während andere Klangkörper typische Gefäßformen der Lausitzer Kultur aufgreifen. Mojęcice (Powiat Wołowski, Województwo dolnośląskie), Polen; Grabfund; späte Bronzezeit bis frühe Eisenzeit, 11.–7. Jh. v.Chr.; Keramik; L. 11,7 cm, B. 6,6 cm, H. 7,2 cm; Germanisches Nationalmuseum, Inv. Va 1254.

59—Bird-shaped rattle. The sound was produced by small stones or little balls of fired clay which rattled inside the hollow body when the object was shaken. Typical of the Lusatian Culture, which was concentrated in modern-day Eastern Germany and Poland, these pottery rattles are found in a great variety of shapes. As well as birds, spheres, and ovoids, the sound chambers can mirror the typical vessel shapes of the Lusatian Culture. Mojęcice (Powiat Wołowski, Województwo dolnośląskie), Poland; grave find; late Bronze Age to early Iron Age, 11th–7th century BC; pottery; length 11.7 cm, width 6.6 cm, height 7.2 cm; Germanisches Nationalmuseum, Inv. Va 1254.

60—Sistrum. Das im rheinhessischen Hochborn geborgene Stück wurde zusammen mit weiteren Bronzeobjekten aufgefunden, darunter Arm- und Beinschmuck, Sicheln sowie Schmuckscheiben vom Pferdegeschirr. Während derartige Rasseln im vorrömischen Zentraleuropa völlig unüblich waren, weisen sie in Ägypten und im Vorderen Orient eine lange, bis in das 3. Jahrtausend v.Chr. zurückreichende Tradition auf. Hochborn (Lkr. Alzey-Worms, Rheinland-Pfalz); Depotfund; mittlere Urnenfelderzeit, 11. Jh. v.Chr.; Bronze; H. 33,5 cm, B. 11,5 cm; Landesmuseum Mainz, Generaldirektion Kulturelles Erbe Rheinland-Pfalz, Inv. V 2229.

60—Sistrum. Unearthed at Hochborn in Rhenish Hesse, this object was discovered with other bronze objects, including arm and leg jewelry, sickles, and decorative discs from horses' harness. Rattles of this type were unknown in pre-Roman Central Europe, but they had a long tradition in Egypt and the ancient Near East, stretching back to the 3rd millennium BC. Hochborn (Alzey-Worms district, Rhineland Palatinate); hoard find; middle Urnfield period, 11th century BC; bronze; height 33.5 cm, width 11.5 cm; Landesmuseum Mainz, Generaldirektion Kulturelles Erbe Rheinland-Pfalz, Inv. V 2229.

Wie wohl schon zu Lebzeiten des Verstorbenen, so kam dem vierrädrigen Prunkwagen auch bei den Bestattungsfeierlichkeiten eine tragende Rolle zu. Hier erfuhr der Wagen seine letzte Bestimmung, wie der archäologische Befund zeigt (Abb. 1, 20).

Am Anfang der Bestattungsrituale standen die Vorbereitung und Aufbahrung des Verstorbenen, der sicherlich mit prunkvollen Gewändern und den Insignien seiner Macht und Legitimation ausgestattet wurde. Damit verbunden waren Abschieds- und Klagezeremonien. Anschließend folgte der Trauerzug. Dabei wurde der Leichnam, begleitet von der Trauergemeinde, auf dem von einem Gespann mit zwei Pferden gezogenen Prunkwagen zum Verbrennungsplatz überführt. Die im Grab erhaltenen bronzenen Wagenbestandteile geben keine Auskunft darüber, ob der Verstorbene direkt auf den Wagenkasten gebettet wurde oder aber auf einer Liege, wie dies jüngere griechische Darstellungen zeigen. Am Ort der Einäscherung wurde der Tote zusammen mit dem Wagen, jedoch ohne die Zugpferde, sowie weiteren Gegenständen, darunter sein zerbrochenes Schwert, auf den Scheiterhaufen gehoben und dieser entzündet. Damit konnte der Verstorbene seine Jenseitsreise antreten. Die Auflösung und Umwandlung des Körpers durch das reinigende Feuer war Voraussetzung für seinen Übergang in eine neue Daseinsform, der vielleicht mit einer Heroisierung oder Vergöttlichung verbunden war. Sowohl der Akt der Verbrennung als auch die Beisetzung der sterblichen Überreste zusammen mit den verbrannten und unverbrannten Beigaben in der hölzernen Grabkammer waren mit rituellen Handlungen verbunden. Dazu gehörten das Ausgießen von Trankspenden und ein gemeinsames Totenmahl. Nach Abschluss der Feierlichkeiten wurde das Grab verschlossen. Wahrscheinlich errichtete man darüber einen markanten Grabhügel, der wohl auch noch lange Zeit nach dem Ableben des Wagenfahrers als Gedächtnisort genutzt wurde.

As no doubt on many occasions during the lifetime of the grave-owner, the four-wheeled ceremonial wagon played a leading part in the solemnities of his burial. As the archaeological feature shows, this was where it fulfilled its final role (figs. 1, 20).

The first stage of the burial ritual was the preparation and laying out of the deceased, who would certainly have been arrayed in magnificent garments and the insignia of his power and legitimation. The laying-out would have been accompanied by ceremonies of farewell and mourning. Next came the funeral procession. Accompanied by the grieving community, the dead body would have been transported to the cremation site on his ceremonial wagon, drawn by a two-horse team. The bronze wagon components preserved in the grave do not tell us whether the corpse was laid directly on the floor of the wagon box or on a bier, like those shown in later Greek depictions. At the cremation site, both the owner and his wagon – but not the horse team – were lifted onto the funeral pyre. Other objects, including his broken sword, accompanied him. The pyre was lit, signaling that the deceased could now depart on his journey to the next world. Dissolution and transformation of the body through purifying fire was the precondition for transition to a new form of being, perhaps linked with heroization or deification. Both the cremation and the burial of the mortal remains in the wooden burial chamber, along with the burnt and unburnt grave goods, were accompanied by ritual acts, including the pouring of libations and a communal funerary feast. When the ceremonies were over, the grave was closed. It is probable that a barrow was erected over it, serving as a visibly striking memorial to the wagon driver for a long time after his death.

61—Bemaltes Flachrelief im Kleinen Tempel von Abu Simbel (Muḥāfaẓat Aswān), Ägypten. Die Darstellung zeigt Königin Nefertari mit einem Sistrum. Pharao Ramses II. (ca. 1303 v.Chr.–1213 v.Chr.) ließ den Felsentempel in etwa 150 m Entfernung zum Großen Tempel von Abu Simbel (vgl. Abb. 10) für die Göttin Hathor und seine Gemahlin Nefertari errichten. Hathor, die als Himmels- und Totengöttin galt, wurde entweder als Kuh oder als stehende Frau mit Kuhgehörn und dazwischenliegender Sonnenscheibe dargestellt. Als Repräsentantin der Göttin trägt Nefertari als königlichen Kopfschmuck die Sonnenscheibe mit zwei Federn, gesäumt vom Kuhgehörn der Hathor.

61—Painted bas-relief in the Small Temple of Abu Simbel (Muḥāfaẓat Aswān), Egypt. The image shows Queen Nefertari holding a sistrum. Pharaoh Ramses II (c. 1303–1213 BC) built the rock-cut temple about 150 meters from the Great Temple of Abu Simbel (see fig. 10) for the goddess Hathor and his consort Nefertari. Hathor, who was regarded as the goddess of the sky and the dead, was depicted either as a cow or as a standing woman with cow's horns framing a sun-disc. As the goddess's representative, Nefertari wears a royal headdress consisting of a sun disc framed by two feathers and the cow horns of Hathor.

J. Assmann, Ägypten – Theologie und Frömmigkeit einer frühen Hochkultur (Stuttgart 1991).

J. Assmann, Tod und Jenseits im Alten Ägypten (München 2023).

J.A. Bakker, Die neolithischen Wagen im nördlichen Mitteleuropa. In: Fansa/Burmeister 2004, 283–294.

T. Bilić, The Swan Chariot of a Solar Deity: Greek Narratives and Prehistoric Iconography. Documenta Praehistorica 43, 2016, 445–465.

M. Bondár, Prehistoric Wagon Models in the Carpathian Basin (3500–1500 BC). Archaeolingua, Series Minor 32 (Budapest 2012).

N. Boroffka, Bronzezeitliche Wagenmodelle im Karpatenbecken. In: Fansa/Burmeister 2004, 437–354.

S. Burmeister, Innovationswege – Wege der Kommunikation. Erkenntnisprobleme am Beispiel des Wagens im 4. Jt. v.Chr. In: S. Hansen/J. Müller (Hrsg.), Sozialarchäologische Perspektiven: Gesellschaftlicher Wandel 5.000–1.500 v.Chr. zwischen Atlantik und Kaukasus. Internationale Tagung 15.–18. Oktober 2007 in Kiel. Archäologie in Eurasien 24 (Darmstadt 2011).

S. Burmeister, Der Wagen im Neolithikum und in der Bronzezeit: Erfindung, Ausbreitung und Funktion der ersten Fahrzeuge. In: Fansa/Burmeister 2004, 13–40.

Eliten in der Bronzezeit. Ergebnisse zweier Kolloquien in Mainz und Athen. Monographien des Römisch-Germanischen Zentralmuseums 43,2 (Mainz 1999).

M. Fansa/S. Burmeister (Hrsg.), Rad und Wagen. Der Ursprung einer Innovation. Wagen im Vorderen Orient und Europa. Beiheft der Archäologischen Mitteilungen aus Nordwestdeutschland 40 (Mainz 2004).

M.H. Feldman/C. Sauvage, Objects of Prestige? Chariots in the Late Bronze Age Eastern Mediterranean and Near East. Ägypten und Levante 20, 2010, 67–181.

S. Gerloff, Goldkegel, Kappe, Axt: Insignien bronzezeitlichen Kultes und Macht. In: Gold und Kult der Bronzezeit 2003, 191–203.

H.-E. Giesecke, Der mykenische Wagen. Talanta 21/21, 1988/1989, 17–39.

G. Görmer, Zum Problem der sogenannten Grabdepots und Kenotaphe. Ethnographisch-Archäologische Zeitschrift 48, 2007, 419–423.

Gold und Kult der Bronzezeit. Katalog zur Ausstellung Nürnberg (Germanisches Nationalmuseum) 2003 (Nürnberg 2003).

N. Haj Darwich, Götter und Mischwesen in Syrien und Westmesopotamien in der Frühbronzezeit (Gladbeck 2010).

N. Himmelmann, Mykenischer Krater aus Zypern. In: H. Mielsch (Hrsg.), Das Akademische Kunstmuseum. Antikensammlung der Universität (Bonn 2003) 44–45.

A. Hofmann, Archäologische Untersuchungen im Bogenberg-Umland, Niederbayern. Beiträge zur Besiedlungsgeschichte. Regensburger Beiträge zur Prähistorischen Archäologie 13 (Regensburg 2004).

A. Hofmann, Bodenschätze. Die StadtRegion Landshut im Spiegel der archäologischen Abteilung der Museen der Stadt Landshut. Mit Beiträgen von Bernd Engelhardt u.a. Schriften aus den Museen der Stadt Landshut 19 (Landshut 2005).

A. Hofmann, Der Landshuter Höglberg. Eine vergessene vorgeschichtliche Höhensiedlung. In: K. Schmotz (Hrsg.), Vorträge des 24. Niederbayerischen Archäologentages (Rahden/Westf. 2006) 47–64.

A. Hofmann, Die mittelbronze- bis urnenfelderzeitliche Besiedlung des Fundplatzes Geiselhöring-Süd, Lkr. Straubing-Bogen. In: Beiträge zur Archäologie in Niederbayern 3 (Büchenbach 2008) 123–288.

A. Hofmann, Die Forschungsgeschichte des Landshuter Höglbergs und sein mittel- bis spätbronzezeitlicher Besiedlungskontext. Ein Beitrag zur Bronzezeit in Niederbayern. Acta Praehistorica et Archaeologica 46, 2014, 115–139.

A. Hofmann/S. Rohm, Ein bedeutender archäologischer Neuzugang. Das urnenfelderzeitliche Gräberfeld mit Wagengrab von Essenbach-„Blumenäcker" und seine Restaurierung. KulturGut: Aus der Forschung des Germanischen Nationalmuseums 72, 2022/1, 6–10.

E. Holenweger, Die anthropomorphe Tonplastik der Mittel- und Spätbronzezeit im mittel- bis unterdanubischen Gebiet. Eine Untersuchung zu ägäischen Traditionen und ihre Verbreitung an der unteren Donau. Dissertation an der Universität des Saarlandes (Saarbrücken 2011).

H.-G. Hüttel, Bronzezeitliche Trensen in Mittel- und Osteuropa. Grundzüge in ihrer Entwicklung. Prähistorische Bronzefunde XVI/2 (München 1981).

L. Husty, Bronzezeitliche Eliten im mittleren Labertal. Vorbericht über einen neuen Fundplatz bei Grafentraubach, Gde. Laberweinting, Lkr. Straubing-Bogen. In: Schmotz 2011, 71–94.

L. Husty, Ein Schwertgrab der älteren Urnenfelderzeit in Grafentraubach. Das Archäologische Jahr in Bayern 2019 (2020) 36–39.

Ch. Jacob, Metallgefäße der Bronze- und Hallstattzeit in Nordwest-, West- und Süddeutschland. Prähistorische Bronzefunde II/9 (Stuttgart 1995).

E. Kaiser, Räderfahrzeuge in der frühen Bronzezeit Osteuropas (2.300–1.800 v.Chr.). In: B. Nessel/D. Neumann/M. Bartelheim (Hrsg.), Bronzezeitlicher Transport. Akteure, Mittel und Wege. RessourcenKulturen 8 (Tübingen 2018) 139–165.

F. Kaul, Der Mythos von der Reise der Sonne. Darstellungen auf Bronzegegenständen der späten Nordischen Bronzezeit. In: Gold und Kult der Bronzezeit 2003, 37–51.

H. Koch/Th. Richter, Ein spätbronzezeitliches Wagengrab von Essenbach, Landkreis Landshut, Niederbayern. Das archäologische Jahr in Bayern 2011 (2012), 40–42.

K.-P. Koch, Musikarchäologische Quellen aus dem östlichen Deutschland. Zwischenbericht. Jahresschrift für mitteldeutsche Vorgeschichte 75, 1992, 101–136.

H. Köpp-Junk, Musik im Alten Ägypten. Antike Welt – Sonderheft 17/23 (Darmstadt 2023).

H. Köpp-Junk, Reisen im Alten Ägypten. Reisekultur, Fortbewegungs- und Transportmittel in pharaonischer Zeit. Göttinger Orientforschungen, Reihe 4: Ägypten 55 (Wiesbaden 2015).

G. Kossack, Studien zum Symbolgut der Urnenfelder- und Hallstattzeit Mitteleuropas. Römisch-Germanische Forschungen 20 (Berlin 1954).

P. Librado u.a., The Origins and Spread of Domestic Horses from the Western Eurasian Steppes. Nature 598, 28 October 2021, 634–640.

S. Lindner, Die technische und symbolische Bedeutung eurasischer Streitwagen für Europa und die Nachbarräume im 2. Jahrtausend v.Chr. Berliner Archäologische Forschungen 20 (Rahden/Westf. 2021).

J. Maran, Die Badener Kultur und ihre Räderfahrzeuge. In: Fansa/Burmeister 2004, 265–282.

J. Maran, Kulturkontakte und Wege der Wagentechnologie im 4. Jahrtausend v.Chr. In: Fansa/Burmeister 2004, 429–442.

S. Matzerath, „Feuerbock" und „Mondidol" in der späten Urnenfelderzeit. Zur kulturgeschichtlichen Bedeutung eines Symbolträgers und seinen frühesten Belegen in der Beigabensitte. In: Schmotz 2011, 95–138.

S. Milauskas/J. Kruk/K. Hudson, Bronocice Funnel Beaker Vessel with Wagon Motif: Different Narratives. Archaeologia Polona 57, 2019, 233–240.

M. Mödlinger, Protecting the Body in War and Combat. Metal Body Armour in Bronze Age Europe. Oriental and European Archaeology 6 (Wien 2017).

B. Molloy u.a., Early Chariots and Religion in South-East Europe and the Aegean During the Bronze Age: A Reappraisal of the Dupljaja Chariot in Context. European Journal of Archaeology 2023, 1–21.

H. Müller-Karpe, Das urnenfelderzeitliche Wagengrab von Hart a.d. Alz, Obbay. Bayerische Vorgeschichtsblätter 21, 1956, 46–75.

H. Müller-Karpe, Zur spätbronzezeitlichen Bewaffnung in Mitteleuropa und Griechenland. Germania 40, 1962, 255–287.

H. Müller-Karpe, Zur religiösen Symbolik von bronzezeitlichem Trachtschmuck aus Mitteleuropa. Anodos. Studies of Ancient World 3 (Trnava 2003) 145–154.

H. Müller-Karpe, Himmel und Sonne als bronzezeitliche Gottheitssymbole. Germania 84/1, 2006, 19–26.

L. Nebelsick, Apotheose – Eine dynamische Deutung urnenfelderzeitlicher Vogelsymbolik. In: L. Kreiner (Hrsg.), Symposium 27.02.–01.03.2014: Opfer- und Festplätze von der Bronze- zur Latènezeit. Archäologie im Landkreis Dingolfing-Landau 5 (Rahden/West. 2018) 144–175.

C. Pankau, Das spätbronzezeitliche Wagengrab von Königsbronn (Lkr. Heidenheim). Jahrbuch des Römisch-Germanischen Zentralmuseums 60, 2013, 1–103.

C. Pankau, Neue Forschungen zu den Wagengräbern der Hart an der Alz-Gruppe. In: L. Husty/K. Schmotz (Hrsg.), Vorträge des 31. Niederbayerischen Archäologentages (Rahden/Westf. 2013) 113–148.

Ch. Pare, Der Zeremonialwagen der Urnenfelderzeit: seine Entstehung, Form und Verbreitung. In: F.E. Barth u.a., Vierrädrige Wagen der Hallstattzeit. Untersuchungen zu Geschichte und Technik. Monographien des Römisch-Germanischen Zentralmuseums 12 (Mainz 1987) 25–67.

Ch. Pare, Wheels with Thickened Spokes, and the Problem of Cultural Contact between the Aegean World and Europe in the Late Bronze Age. Oxford Journal of Archaeology 6, 1987, 43–61.

Ch. Pare, From Dupljaja to Delphi: The Ceremonial Use of the Wagon in Later Prehistory. Antiquity 63, 1989, 80–100.

Ch. Pare, Weight and Weighing in Bronze Age Central Europa. In: Eliten in der Bronzezeit 1999, 421–514.

Ch. Pare, Der Wagen der Bronzezeit in Mitteleuropa. In: Fansa/Burmeister 2004, 355–372.

Ch. Pescheck, Ein reicher Grabfund mit Kesselwagen aus Unterfranken. Germania 50, 1972, 29–56.

É.F. Petres/K. Jankovits, Der spätbronzezeitliche zweiteilige Brustpanzer aus der Donau in Ungarn. Acta Archaeologica Academiae Scientiarum Hungaricae 65, 2014, 43–71.

Rad und Wagen. Der Ursprung einer Innovation. Wagen im Vorderen Orient und Europa. Katalog zur Ausstellung Oldenburg 2004; zugl. Beiheft der Archäologischen Mitteilungen aus Nordwestdeutschland 41 (Oldenburg 2004).

K. Randsborg, Kivik. Archaeology & Iconography. Acta Archaeologica 64,1 (København 1993).

H. Reim, Ein Brandgrab der älteren Urnenfelderkultur von Gammertingen, Kr. Sigmaringen. Fundberichte aus Baden-Württemberg 6, 1981, 121–141.

U. Schaaff, Ein bronzezeitliches Sistrum aus Rheinhessen. Jahrbuch des Römisch-Germanischen Zentralmuseums 31, 1984, 237–246.

P. Schauer, Die Goldblechkegel der Bronzezeit. Ein Beitrag zur Kulturverbindung zwischen Orient und Mitteleuropa. Monographien des Römisch-Germanischen Zentralmuseums 8 (Bonn 1986).

P. Schauer, Der vierrädrige Wagen in Zeremonialgeschehen und Bestattungsbrauch der orientalisch-ägäischen Hochkulturen und ihrer Randgebiete. In: F.E. Barth u.a., Vierrädrige Wagen der Hallstattzeit. Untersuchungen zu Geschichte und Technik. Monographien des Römisch-Germanischen Zentralmuseums 12 (Mainz 1987) 1–23.

P. Schauer, Befestigte Höhen der Urnenfelderzeit und der älteren Eisenzeit in Süddeutschland. In: H. Dannheimer/R. Gebhard (Hrsg.), Das keltische Jahrtausend. Katalog zur Ausstellung München 1993 (Mainz 1993) 62–74.

P. Schauer, Archäologische Untersuchungen auf dem Bogenberg, Niederbayern II: Beiträge zur Besiedlungsgeschichte. Regensburger Beiträge zur Prähistorischen Archäologie 12 (Regensburg 2004).

K. Schmotz (Hrsg.), Vorträge des 16. Niederbayerischen Archäologentages (Rahden/Westf. 1998).

K. Schmotz (Hrsg.), Vorträge des 29. Niederbayerischen Archäologentages (Rahden/Westf. 2011).

C. Schütz-Tillmann, Das urnenfelderzeitliche Grabdepot von Münchsmünster, Lkr. Pfaffenhofen a.d. Ilm. Germania 75/1, 19–44.

J. Schween, Die Luren der Bronzezeit – vom stillen Artefakt im Moor zum tönenden Musikinstrument. In: I. Holzer u.a. (Hrsg.), Musik als kulturelles Phänomen. Interdisziplinäre Perspektiven. Hamburg Yearbook of Musicology 2 (Münster, New York 2022) 33–44.

T. Soroceanu, Restitutiones bibliographicae et aerchaeologicae ad res praehistoricas pertinentes IV. Arokallya/Kallesdorf/Arcalia: ein Bronzefundschicksal. Acta Praehistorica et Archaeologica 54, 2022, 101–187.

L. Sperber, Bemerkungen zur sozialen Bewertung von goldenem Trachtschmuck und Schwert in der Urnenfelderkultur. Archäologisches Korrespondenzblatt 22, 1992, 63–77.

L. Sperber, Zu den Schwertträgern im westlichen Kreis der Urnenfelderkultur. Profane und religiöse Aspekte. In: Eliten in der Bronzezeit 1999, 605–659.

L. Sperber, Wer trug den goldenen Hut? – Überlegungen zur gesellschaftlichen Einbindung der Goldkegel vom Typus Schifferstadt. In: Gold und Kult der Bronzezeit 2003, 205–219.

Th. Stöllner/K. Oeggl (Hrsg.), Bergauf. Bergab. 10.000 Jahre Bergbau in den Ostalpen. Wissenschaftlicher Beiband zur Ausstellung Bochum und Bregenz 2015/2016 (Bochum 2015).

A. Točik, Nitriansky Hrádok, Zámeček. Bronzezeitliche befestigte Ansiedlung der Maďarovce-Kultur. Materialia archaeologica Slovaca 3 (Nitra 1981).

J.F. Tolksdorf/Ch. Hemker/M. Schubert, Bronzezeitlicher Zinnseifenbergbau bei Schellerhau im östlichen Erzgebirge, Sachsen. Der Anschnitt 71, 2019, 223–233.

J. Tyldesley, Ramses – Ägyptens größter Pharao (München 2002).

M. Uckelmann, Die Schilde der Bronzezeit in Nord-, West- und Zentraleuropa. Prähistorische Bronzefunde III/4 (Stuttgart 2012).

A. Ulbig/I. Rennschmid-Ulbig, Naturraum Landshut. In: Hofmann 2005, 13–19.

Ch. Ulf (Hrsg.), Der neue Streit um Troia. Eine Bilanz (München 2003).

A. Velušček (Hrsg.), Koliščarska naselbina Stare gmajne in njen čas. Ljubljansko barje v 2. Polovici 4. Tisočletja pr. Kr. [Stare Gmajne Pile-Dwelling Settlement and its Era. The Ljubljansko Barje in the 2nd Half of the 4th Millennium BC]. Opera Instituti Archaeologici Sloveniae 16 (Ljubljana 2009).

K. Verlaeckt, The Kivik Petroglyphs. A Reassessment of Different Opinions. Germania 71, 1993, 1–29.

E. Vermeule/V. Karageorghis, Mycenaean Pictorial Vase Painting (Cambridge 1982).

J. Vizdal, Erste bildliche Darstellung eines zweirädrigen Wagens vom Ende der mittleren Bronzezeit in der Slowakei. Slovenská Archeológia 20/1, 1972, 223–231.

M.U. Vosteen, Urgeschichtliche Wagen in Mitteleuropa. Eine archäologische und religionswissenschaftliche Untersuchung neolithischer bis hallstattzeitlicher Befunde. Freiburger Archäologische Studien 3 (Rahden/Westf. 1999).

R.-M. Weiss, Schutzwaffen der frühen Urnenfelderzeit im Hortfund von Winklsaß (Niederbayern). Archäologisches Korrespondenzblatt 28, 1998, 535–554.

D. Welper, Spätbronzezeitliches Wagengrab. Anthropologische Untersuchung Essenbach, Befund 100+100a, 2024, 1–32 (unpubliziert).

St. Winghart, Produktion, Verarbeitung und Verteilung. Überlegungen zur Bedeutung metallischer Rohstoffe bei der Ausbildung politischer Systeme im südbayerischen Alpenvorland während der Bronzezeit. In: Schmotz 1998, 99–113.

St. Winghart, Die Wagengräber von Poing und Hart an der Alz. Evidenz und Ursachen spätbronzezeitlicher Elitenbildung in der Zone nordwärts der Alpen. In: Eliten in der Bronzezeit 1999, 515–532.

St. Wirth, Sonnenbarke und zyklisches Weltbild – Überlegungen zum Verständnis der spätbronzezeitlichen Ikonographie in Mitteleuropa. In: Der Griff nach den Sternen. Wie Europas Eliten zu Macht und Reichtum kamen. Internationales Symposium in Halle (Saale) 16.–21. Februar 2005. Tagungen des Landesmuseums für Vorgeschichte Halle 5. Bd. 1 (Halle a.d. Saale 2010) 501–515.

Bildnachweis Picture Credits

Abb. 1: Fa. Ardi; Abb. 2: Siegfried Kerscher; Abb. 3: Fa. Ardi; Abb. 4: GNM, Georg Janßen; Abb. 5: Fa. Ardi; Abb. 6: Fa. Ardi; Abb. 7: Grafik: Angelika Hofmann; Abb. 8: Grafik: Angelika Hofmann; Abb. 9: GNM, Georg Janßen; Abb. 10: Hedwig Storch; Abb: 11: Angelika Hofmann; Abb. 12: Stadt Bogen, Siegfried Kerscher; Abb. 13: National Archaeological Museum, Athens/ Department of Collections of Prehistoric, Egyptian, Cypriot and Near Eastern Antiquities © Hellenic Ministry of Culture/ HCRMDO; Abb. 14: GNM, Monika Runge; Abb. 15: Ádám Vágó © Field Museum of Natural History; Abb. 16: Brigitta Tóth © Szent István Király Museum; Abb. 17: Landesmuseum Mainz, GDKE (Ursula Rudischer); Abb. 18: GNM, Jürgen Musolf; Abb. 19: Museen der Stadt Landshut, Harry Zdera; Abb. 20: Fa. Ardi; Abb. 21: Regional Digitalisation Lab, MIK, Virtual Małopolska project; Abb. 22: Ferenczy Museum Center, Szentendre, Hungary. Foto: Balázs Deim; Abb. 23: MGML, Matevž Paternoster; Abb. 24: AÚ SAV Nitra; Abb. 25: AÚ SAV Nitra; Abb. 26: Michalovce, Zemplínske múzeum v Michalovciach, Foto: Erik Mojsej; Abb. 27: GNM, Georg Janßen; Abb. 28: Scan: GNM. Abb. in: N. de G. Davies, The Rock Tombs of El Amarna. Part III: The Tombs of Huya and Ahmes. Archaeological Survey of Egypt. Fifteenth Memoir (London 1905) pl. XXXIIA; Abb. 29: Narodni muzej Beograd; Abb. 30: Riksantikvarieämbetet, Bildarkivet, Foto: Bengt A. Lundberg, CC-BY 4.0 Deed; Abb. 31: © Archäologische Staatssammlung München. Foto: St. Friedrich; Abb. 32: Museen der Stadt Landshut, Harry Zdera; Abb. 33: Grafik: Silvia Nettekoven; Abb. 34 © Archäologische Staatssammlung München. Foto: St. Friedrich; Abb. 35: Magyar Nemzeti Muzeum, Foto: Ádám Vágó; Abb. 36: Akademisches Kunstmuseum der Universität Bonn, Jutta Schubert; Abb. 37: © Archäologische Staatssammlung München. Foto: M. Eberlein; Abb. 38: GNM, Georg Janßen; Abb. 39: GNM, Georg Janßen; Abb. 40: Ulrich Rössle, Zentrum Stadtgeschichte Ingolstadt; Abb. 41: © Archäologische Staatssammlung München. Foto: Hermann Reichenwallner; Abb. 42: GNM, Georg Janßen; Abb. 43: GNM, Georg Janßen; Abb. 44: GNM, Georg Janßen; Abb. 45: Karte: Angelika Hofmann; Kartengrundlage: Orohydrographische Karten 1:200.000 Blatt Nr. CC 7934 München, CC 7134 Regensburg, CC 7142 Deggendorf (Orohydrographisch Karte 1:200.000 © Landesamt für Vermessung Geoinformation Bayern, 4462/08); Abb. 46: Museen der Stadt Landshut, Harry Zdera; Abb. 47: Zeichnung: Nach Ortsakten des Bayerischen Landesamts für Denkmalpflege; Abb. 48: Museen der Stadt Landshut, Harry Zdera; Abb. 49: Ludwig Husty; Abb. 50: Thomas Killinger, Gäubodenmuseum; Abb. 51: GNM, Jürgen Musolf; Abb. 52: GNM, Georg Janßen; Abb. 53: Landesmuseum Württemberg, P. Frankenstein/H. Zwietasch, Lizenz: CC BY-SA 4.0 Deed; Abb. 54: Landesmuseum Württemberg, P. Frankenstein/H. Zwietasch, Lizenz: CC BY-SA 4.0 Deed; Abb. 55: GNM, Georg Janßen; Abb. 56: Staatliches Museum für Kunst- und Kulturgeschichte in Würzburg © Fotoarchiv, Museum für Franken in Würzburg; Abb. 57: GNM, Georg Janßen; Abb. 58: Nationalmuseet, Danmark, Foto: Roberto Fortuna und Kira Ursem, CC-BY-SA; Abb. 59: GNM, Georg Janßen; Abb. 60: Landesmuseum Mainz, GDKE (Ursula Rudischer); Abb. 61: Olaf Tausch, GFDL

Impressum Imprint

KATALOG CATALOG

Ausstellungskataloge Exhibition catalogs
Germanisches Nationalmuseum, Nürnberg, Generaldirektor Daniel Hess
Germanisches Nationalmuseum, Nuremberg, Director-General Daniel Hess

Verfasst von Author
Angelika Hofmann

Lektorat und Redaktion Content Editor
Andrea Lucas

Übersetzung Translation
Isabel Aitken, Scottish Borders

Englisches Lektorat Copy Editor, English
Lance Anderson, Berlin

Bildrechte Image credits
Barbara Rök

Fotoarbeiten Photographs
GNM sowie im Bildnachweis angegeben
GNM as well those separately credited

Abbildung auf dem Einband Cover illustration
Abb. 33, Grafik Wagenrekonstruktion: Silvia Nettekoven
Fig. 33, diagram of wagon reconstruction: Silvia Nettekoven

Grafische Gestaltung Graphic design
gillitzer.net

Druck und Weiterverarbeitung Printing and processing
Passavia Druckservice GmbH & Co. KG, Passau

Schrift und Papier Font and paper
Aestetico, GardPat 13 Kiara 135 g/m², Papier Umschlag/Cover paper: Gmund Colors Food, Shine 49, 300g/m²

Einsatz von Ökodruckfarben/Use of eco printing inks

For Gmund Paper

MIX Papier | Fördert gute Waldnutzung FSC® C110316

Bibliografische Information der Deutschen Nationalbibliothek
Die Deutsche Nationalbibliothek verzeichnet diese Publikation in der Deutschen Nationalbibliografie; detaillierte bibliografische Daten sind im Internet über https://dnb.dnb.de abrufbar.
Bibliographic information published by the Deutsche Nationalbibliothek
The Deutsche Nationalbibliothek lists this publication in the Deutsche Nationalbibliografie; detailed bibliographic data are available online at: http://dnb.dnb.de.

Propylaeum FACHINFORMATIONSDIENST ALTERTUMSWISSENSCHAFTEN

Diese Publikation ist auf https://www.propylaeum.de dauerhaft frei verfügbar (Open Access).
The electronic open access version of this work is permanently available at: https://www.propylaeum.de

urn: urn:nbn:de:bsz:16-propylaeum-ebook-1424-8
doi: https://doi.org/10.11588/propylaeum.1424

Publiziert bei
Universität Heidelberg / Universitätsbibliothek, 2024
Propylaeum – Fachinformationsdienst Altertumswissenschaften
Grabengasse 1, 69117 Heidelberg
https://www.uni-heidelberg.de/de/impressum
Published by
Heidelberg University / Heidelberg University Library, 2024
Propylaeum – Specialised Information Service Art Ancient Studies
Grabengasse 1, 69117 Heidelberg, Germany
https://www.uni-heidelberg.de/en/imprint

ISBN 978-3-946217-39-8 (Softcover)
eISBN 978-3-96929-341-6 (PDF)

www.gnm.de

AUSSTELLUNG EXHIBITION

Ausstellungsleitung Curator
Angelika Hofmann

Ausstellungsassistenz Exhibition Assistant
Barbara Rök

Konservatorische Betreuung Conservation
Ute Meyer-Buhr, Susanne Rohm

Beratung Inklusion, Barrierefreiheit
Advice on inclusion, accessibility
Regina Rüdebusch

Registrarin Registrar
Arabelle Herkner

Ausstellungsaufbau und -technik Exhibition production
Frank Stolpmann, Robert Dechet, Dieter Stangl, Wolfgang Schanderl und die Mitarbeiterinnen und Mitarbeiter des Technischen Büros sowie die Mitarbeiter des Allgemeinen Technischen Dienstes (ATD)
and the Technical Services Department and Technical Support Team

Museumspädagogische Vermittlung
Museum learning and education
Kunst- und Kulturpädagogisches Zentrum der Museen in Nürnberg (KPZ)

Lektorat Ausstellungstexte
Editing of exhibition texts
Jessica Mack-Andrick

Marketing Marketing
Andrea Langer und die Mitarbeiterinnen und Mitarbeiter des Referats
and the departmental team

Presse/Medien Press/Media
Sonja Mißfeldt

Medienstationen Exhibition media
Linda Bergmann, Sandra Knocke, Ute Meyer-Buhr, Barbara Rök, Susanne Rohm

Ausstellungsarchitektur Exhibition design
neo.studio neumann schneider architekten PartG mbB, Berlin

Ausstellungsgrafik Exhibition graphic design
neo.studio neumann schneider architekten PartG mbB, Berlin und Silvia Nettekoven

Design Werbekampagne
Design marketing campaign
BOROS, Berlin

Wir danken unseren Leihgebern
We would like to thank the following lenders

Akademisches Kunstmuseum – Antikensammlung der Universität Bonn

Archäologische Sammlung an der Mittleren Alz (Museum für Vor- und Frühgeschichte) der Gemeinde Garching a.d. Alz

Archäologische Staatssammlung, München

Archeologický ústav Slovenská akadémia vied, Nitra

Ferenczy Múzeumi Centrum, Szentendre

Gäubodenmuseum Straubing

Heimatmuseum Oettingen i. Bay.

Landesmuseum Mainz, Generaldirektion Kulturelles Erbe Rheinland-Pfalz

Landesmuseum Württemberg, Stuttgart

Landkreis Straubing-Bogen, Kreisarchäologie

Magyar Nemzeti Múzeum, Budapest

Museen der Stadt Landshut

Museum für Franken – Staatliches Museum für Kunst- und Kulturgeschichte in Würzburg

Muzej in galerije mesta Ljubljane

Narodni muzej u Beogradu

Stadtverwaltung Mengen, Stadtmuseum – „Alte Posthalterei"

Szent István Király Múzeum, Székesfehérvár

Zemplínske múzeum v Michalovciach

Zentrum Stadtgeschichte Ingolstadt, Stadtmuseum